Option und Plebiscit

bei

Eroberungen und Gebietscessionen.

von

Dr. Felix Stoerk.

„Hasty generalization — the bane of prudence and of science."

JEREMY BENTHAM'S Works Vol. II.
Anarchical Fallacies. —

Leipzig,
Verlag von Duncker & Humblot.
1879.

VORWORT.

Die mächtigen Ereignisse der letzten Jahrzehnte, die uns zu Gefährten und Zuschauern grosser historischer Momente machten, haben auch dem Begriffe des praktischen europäischen Völkerrechts einen wesentlich neuen Inhalt gegeben. Während bis dahin nur der Gegensatz zur spekulativen naturrechtlichen Schule mit jenem Ausdrucke gekennzeichnet werden sollte, entsprach der überkommene Titel von da ab den materiellen Veränderungen, welche im Gefüge des Völkerrechtsstoffes selbst eingetreten sind. Die Lehre ist in dem Sinne eminent praktisch geworden, dass ihr Blick sich im Erfassen des Lebendigen gesichert und geschärft hat. Die jüngsten Erweiterungen des Lehrgebäudes waren der Aufnahme jener Sätze gewidmet, welche bestimmt sind, die obersten politischen Rechte des bei Gebietswandlungen in seiner staatlichen Cohaerenz gefährdeten Individuums zu begrenzen und zu schützen. Die beiden Begriffe der Option und des Plebiscits als Schutzmittel der in ihren nationalen und staatsbürgerlichen Rechten bedrohten Persönlichkeit mussten dabei eine sorgfältige Prüfung ihres Ideengeflechtes, ihres Wahrheitsgehaltes erfahren. Es geschah dies jedoch zumeist in einem Zeitpunkte hochwogenden Parteilebens, welcher leicht auch die Ansicht des Parteilosen nicht als das freie Resultat abgeklärter Erkenntniss erscheinen liess. Ich hielt darum die tendenzfreie Revision dieses völkerrechtlichen Stoffes und dessen neuerliche Anregung in ruhigeren Tagen für eine literarische Aufgabe, welche reichlich Mühen des Versuches lohnt.

Der historische Theil ist von dem Bestreben geleitet, dem Wunsche Bulmerincq's zu entsprechen, welcher von den Anhängern der Disciplin die dogmengeschichtliche Behandlung der den breiten Rahmen des internationalen Rechtes ausfüllenden Einzellehren fordert. Eben dieser geschichtliche Weg führte uns mit Nothwendigkeit zur Verwerfung der Plebiscittheorie als Aeusserungsform des geschichtslosen Radicalismus. Er bot aber auch zugleich Anlass, den positiven Entwicklungsgang nachzuweisen, den das von der Theorie bisher fast unberührte völkerrechtliche Institut der Option seit einem Jahrhundert zurückgelegt hat und liess die zahlreichen Ansatzstellen bezeichnen für dessen weitere fortschrittliche Ausbildung.

Wien im Juli 1879.

Felix Stoerk.

Uebersicht des Inhalts.

Erster Abschnitt.

Das Recht der Persönlichkeit bei territorialen Veränderungen des Heimatstaates. S. 1—51.

Zweiter Abschnitt.

Option und Plebiscit in ihrer Werthrelation.

S. 53—88.

Dritter Abschnitt.

Geschichte des Optionsinstitutes und der Plebiscittheorie.

S. 93—176.

ERSTER ABSCHNITT.

DAS RECHT DER PERSÖNLICHKEIT

BEI TERRITORIALEN VERANDERUNGEN DES HEIMATSTAATES.

INHALT.

1. Zu den auffälligsten Ergebnissen literargeschichtlicher Beobachtung zählt die Erscheinung, dass die Völkerrechtswerke aus der ersten Hälfte unseres Jahrhunderts dem theoretischen Begriffe der Eroberung mit aller Sorgfalt aus dem Wege gehen, sichtlich im harten Kampfe um die positive Rechtsqualität ihrer Disciplin bemüht, dieser schneidigen Klippe auszuweichen, ihren Wellenkreis zu umgehen. — Fand doch die unerbittliche Schaar jener nie aussterbenden Vertheidiger des „kahlen Satzes" eben dort das volle Rüstzeug der schärfsten Argumente, die knorrigsten Beweise für die Nichtexistenz jenes Völkerrechts, dessen Leugnung oratorisch immer fesselnder als seine Vertheidigung wirkt. Die Tonleiter der dem Völkerrechte gemachten Vorwürfe hatte immer das Moment der Gewalt zum Grundtone, — es schien daher rathsam, weil vortheilhafter, jene ganz in den Hintergrund treten zu lassen, um sie der feindlichen Discussion zu entziehen. Von Ompteda bis auf Kaltenborn unterlässt es keiner der Autoren im Paragraphen des „Staatseigenthums" umständlich die originären und derivativen Erwerbungsarten desselben darzustellen. *Alluvio, avulsio* und *insula in flumine nata* werden mit privatrechtlicher Sorgfalt neben der *occupatio* behandelt und erlangen sogar durch Ortolan's Monographie

eine ihre Bedeutung für das Völkerleben weit übersteigende Ausdehnung im Lehrgebäude [1]).

Dagegen fand die aus dem Charakter des Staates als Machtorganismus fliessende Form der Gebietserwerbung: die Gebietsnahme, nur gelegentlich unter dem ererbten Titel der *„Debellatio“* zweitlinige, ihrer inneren Bedeutung nicht correspondirende Erörterung. Die Schule, welche trotz lebendiger, Jahrzehnte langer Kriegsnoth, stets in besonderen Schlusscapiteln das Völkerrecht im blendenden Lichtkreise des ewigen Friedens aufgehen liess, — die Schule übersah dabei gründlich, dass die Forderung der Lehre nach Anerkennung ihres positiven Rechtscharakters nicht schlechter gestützt, nicht besser geschwächt werden konnte, als durch den stillschweigenden Verzicht auf ein wesentliches, ihrem Zweckbegriffe entsprechendes Schutz- und Realisirungmittel ihrer theoretischen Sätze.

Ganz spurlos konnte dennoch die lange Reihenfolge gewaltiger Eroberungen, welche die Geschichte unseres Jahrhunderts einleitet, an der politischen Literatur nicht vorüberziehen. Es ist nicht des Zufalls Spiel, dass der erste grosse Wortführer und praktische Begründer des continentalen Constitutionalismus — Benjamin Constant auch der Erste und Einzige war, der dem Gedanken der Eroberung und ihren staatsrechtlichen Folgen sein kritisches Augenmerk zuwandte. Die zeitliche Ausnahmsstellung dieses Schriftstellers vermochte jedoch seiner Anregung nicht jenen Nach-

---

1) S. Ortolan. *Du domaine international.* 1849. — *Des moyens d'acquérir le domaine international.* — Die sonstige Literatur über die staatliche Gebietsfrage ist, wie schon Mohl (Encycl. S. 569) bedauernd hervorhebt, trotz der offenbaren Wichtigkeit der Sache und trotzdem, dass sich in der Wirklichkeit ein grosser Theil der auswärtigen Politik um Gebietsverhältnisse dreht, weder zahlreich noch sehr bedeutend.

hall zu sichern, dessen jeder Versuch auf geistigem Gebiete bedarf. Der aus Frankreich verbannt gewesene Staatsmann geisselt zudem in seinem auf deutschem Bodem geschriebenen Pamphlet: „*De l'esprit de conquête et de l'usurpation*" (1813) immer nur die Herrschgier, das Verbrechen Eines, im Texte nicht genannten, doch im Vordergrunde der Zeit stehenden Eroberers. Dass auch Völker und Staaten sich jener Gewaltmittel bedienen können, ist ihm bekannt, aber nicht interessant genug; dass jene in Nothlagen auch dazu greifen müssen, — die Erkenntniss war ihm fremd geblieben. Dahin zeigt schon seine schräge Charakteristik des Krieges und seiner Aufgaben. Nach Benjamin Constant sind Krieg und Handel in ihren Zielpunkten identische Emanationen des menschlichen Schaffens; verschiedene Mittel zur Erreichung eines und desselben Zweckes: Das zu besitzen, was man sich wünscht [2]). Der Stärkere sei dem Handel von Natur aus abgeneigt; erst die Wechselfälle des Krieges lassen jenen zum sanfteren Mittel des Handels greifen, um das Interesse der Anderen mit seinem eigenen übereinstimmend zu machen. Krieg sei der wilde Handel; Handel der milde Krieg. — Das ganze Spiel mit schönen Worten zerfällt natürlich, sobald die historische Probe herantritt und den zweifellosen Nachweis führt, dass die Kriegsfackel zu allen Zeiten im Kampfe um die höchsten Geistesgüter entbrannte, die wie religiöse und politische Freiheit, Staats-

---

2) Benj. Constant l. c. Chap. II. „ . . . *Le commerce n'est autre chose qu'un hommage rendu à la force du possesseur par l'aspirant à la possession. Un homme qui serait toujours le plus fort n'aurait jamais l'idée du commerce. C'est l'expérience qui, en lui prouvant que la guerre est exposée à diverses résistances et à divers échecs le porte à recourir au commerce, moyen plus doux et plus sûr d'engager l'intérêt des autres à consentir à ce qui convient à son intérêt.*"

macht und Staatsehre im Verkehr der Völker schlechterdings keinen Tauschwerth haben, noch haben können. Das schützende bürgerliche Recht lässt die Interessen zu subjectiven Rechten werden, — das Völkerrecht kann sie dazu nicht immer im gewöhnlichen Sinne erklären, weil die höchsten Interessen der Völker niemals in den Rahmen von erworbenen Rechten, die blosse Ausflüsse des objectiven Rechts sind, gezwängt zu werden vermögen. Schlachten werden in unseren Tagen nur um Lebensbedingungen der Staaten, sie seien nun mehr materieller oder mehr ideeller Natur geschlagen, und es ist vergebens, wenn auch ein Rechtsbruch meist die äussere Veranlassung zum Ausbruch gab, die Ursachen eines Krieges in dem engen Gegensatz eines Rechts zu einem Unrecht zu erschöpfen [3]). So lange diese Grunderkenntniss fehlte, war die fortschrittliche Entwicklung des Gedankens der Eroberung unmöglich. Es trat daher, nachdem eine andere wissenschaftliche Erörterung der Benjamin Constant's nicht gefolgt war, auf diesem Gebiete zwischen Leugnern und Anhängern der Lehre ein Waffen- und Gedankenstillstand ein, der erst spät gebrochen werden sollte. —

Es bleibe ununtersucht, ob dieses Straussenmittel den geeigneten Weg öffnete, um dem Glauben der jungen Völkerrechts-Wissenschaft an sich selbst Verbreitung und Aufnahme zu sichern; der zwingende Grund jener Erscheinung liegt uns jedenfalls offen zu Tage. Dreissig Jahre europäischen Friedens senkten den tiefen Schlummer einer fertigen Meinung auf diesen Ideenkreis, und nicht nur die Männer Deutschlands, in deren Händen bis dahin die Wissenschaft des

---

3) Bergbohm. Staatsverträge und Gesetze als Quellen des Völkerrechts. S. 39 fg.

Völkerrechts ruhte, strichen den Begriff der aggressiven staatlichen Entwicklung in ihren Heften aus, auch solche Schriftsteller, welche national geeinten, starken Gemeinschaften angehörten, liessen ihn aus dem engen Rahmen der Lehre fallen. Noch kurz vor dem Ausbruche einer neuen entscheidenden Epoche des europäischen Staatenlebens, — im stürmischen Revolutionsjahre 1849 — konnte ein angesehener englicher Autor der Meinung Ausdruck geben, dass man sich der Mühe überheben könne, sich mit der Theorie des Untergangs von Staaten zu beschäftigen, weil sie von zu geringer Wichtigkeit für die jetzige Zeit sei [4]). Dennoch hätte ein Blick auf die geschichtliche Entwicklung des neueren Europa genügt, um zu zeigen, dass gerade Eroberungen, gefestigt durch dauernden Besitz und anerkannt in nachfolgenden völkerrechtlichen Verträgen, die Hauptquelle der Erwerbung und Erweiterung der Staatsgebiete bilden [5]).

Die Literatur war hier offenbar in einer rückläufigen Bewegung begriffen, denn es hatte eine Zeit gegeben, da sie dieser Cardinalfrage muthig in's Gesicht sah. Francisco Suarez' und Victoria von Salamanca's kernige Sätze, die den historischen Ausgangspunkt ihrer wissenschaftlichen Behandlung bilden, finden sich schon bei Hugo Grotius merklich abgeschwächt, wesentlich, weil ihnen bei diesem der Wunsch des Autors fehlt, actuell zu sein: „*Injuriam mihi faciet si quis me ad ullas nostri seculi controversias*,

---

4) Wildmann Richard. *Institutes of International Law. London 1849. Chapt. II, p. 68.*

5) Zu weit gehend Calvo: *Droit International I, p. 290, §. 175.* „*. . . depuis les profondes atteintes portées au principe monarchique pur, . . . la plupart des États européens n'ont pas d'autre titre que les annexions, ou la conquête suivie d'une possession prolongée pour justifier leurs droits souverains sur ce qui constitue aujourd'hui leur domaine continental.*“

aut natas, aut quae nasciturae praevideri possunt, respexisse arbitratur; vere enim profiteor sicut mathematici figuras a corporibus semotas considerant, ita me in jure tractando ab omni singulari facto abduxisse animum". (J. B. ac. P. Prolegomena 58). Dennoch versäumt er nicht, diese auch in seiner bewegten Zeit nach grundsätzlicher Prüfung drängende Frage, wenngleich unter geänderter Aufschrift in den Kreis seiner Besprechungen zu ziehen. Seiner philosophischen Methode folgend, prüft er den Ausgang der Kriege auf das Nervengeflecht der ihren Anfang bedingenden Gründe; ihn fesselt im höheren Maasse das geistige Moment der Ursachen als das sinnliche Ergebniss ihrer Wirkungen. Und so wie die Anlage des grootischen Werkes zum conventionellen System aller folgenden wurde, so finden wir auch nach ihm — mit geringen Ausnahmen — in den Völkerrechtswerken unter dem Rubrum eines gerechten Kriegstitels die regelmässigen Ergebnisse gerechter Kriegsführung behandelt.

Der inhaltlich gewiss unbestreitbare Satz aus dem *J. B. ac. P.*: — *Causa justa belli suscipiendi nulla esse alia potest nisi injuria*[6]) — findet sich fortan an der Spitze jener selten bestrittenen und noch seltener befolgten Sätze, an denen diese Disciplin zu ihrem offenbaren Nachtheile bis auf die neueste Zeit so reich war, und soll an der betreffenden Stelle immer über die Schwierigkeiten hinweghelfen, welche sich für das Völkerrecht stets ergeben, sobald dieses über seine engen Grenzen hinausgreifend nach der Beantwortung des der Politik angehörenden Problems suchte: — Unter Voraussetzung welcher Ereignisse und welcher Wand-

6) Lib. II. Cap. I, §. 4.

lungen des Völkerlebens steht einem Staate rechtlich die Forderung zu, dass der Theil einer fremden organisirten Gemeinschaft zum Theile dieser staatlich organisirten Gemeinschaft gemacht werde? [7]) — Es fiele nicht schwer, durch Anreihen der gemeinten Citate von Hugo Grotius bis auf Wolff, Friedrich II. und Grégoire, den Verfasser der *Déclaration du Droit des Gens,* — die fast lückenlose Uebereinstimmung der Autoren in dem fruchtlosen Bestreben nachzuweisen, durch casuistische Formulirung der als „gerecht" erkannten Kriegstitel, einem in den Elementen ewig wechselnden, unformulirbaren staatlichen Willenszustande, das Gepräge eines auf bestimmten Rechtsgrundsätzen beruhenden Verhaltens zu verleihen. Bei allen Autoren ist es zumeist die Frage der Gebietserweiterung, welche in mehr oder minder gedeckter Form der Erörterung jener *justa causa* zur Directive dient. Die theoretische Sorgfalt, die umständliche Breite, welche auf die Casuistik des moralisch begründeten Kriegsanfanges verwendet wurden; dieses Auffinden und Fallenlassen politischer Grundsätze, — liessen nicht Raum genug im System, um die eigentlichen Rechtsresultate der grössten Staatsaction gebührend in's Auge zu fassen. Das Ungenügende dieser Darstellungsweise, die Behandlung des Zweckes in Besprechung der Mittel, liess die Untersuchung der staatlichen Gebietserweiterung auf gewaltsamem Wege und ihre Folgen für die Persönlichkeit zu den flüchtigst behandelten Materien herabsinken, zu einer Frage letzten Ranges, deren fernere Existenzberechtigung in der Lehre nur in dem eben zufälligen Umstande lag, dass sie bis dahin immer auch von den Vorgängern berührt worden war.

---

7) S. Gagern. Kritik des Völkerrechts. S. 95.

Das wenige, was noch von der *Debellatio* [8]) gesagt wurde, war dem Stoffe entsprechend so scharf geprägt, dass es gewaltlos nicht auf die partielle Extinction eines Staates, d. h. auf die Eroberung im Allgemeinen übertragen werden konnte. So lange die Lehre nicht zum Bewusstsein von der Selbsteigenheit der staatlichen Persönlichkeit gelangt war, und ihre äussere Erscheinung in das Geltungsgebiet privatrechtlicher Beurtheilung fallen liess, so lange musste das Völkerrecht die geschichtlichen Prozesse der Staatenbildung wie Eigenthumsverhältnisse mit dem Maassstabe des Civil- und Criminalrechts messen. Dem Unterliegenden wurde eben sein Gebiet entrissen, häufig ohne Friedensvertrag oder Abtretung von dem Sieger faktisch behauptet, und, wenn auch ein Friedensschluss zu Stande kam, ihm nicht sowohl förmlich abgetreten als einfach überlassen. Eine Mitwirkung der Bewohner bei Feststellung ihres künftigen Rechtszustandes lag ausser jeder Möglichkeit. Die *Debellatio* correspondirte von diesem Gesichtsfelde aus dem völligen Verluste des Eigenthums; ihre theoretische Untersuchung behandelte nur die persönliche Seite des Verhältnisses: Die Rechtsbeziehungen des früheren und des gegenwärtigen Eigenthümers zum Eigenthumsobjekt. Die vergleichsweise spät ventilirte Controverse über das Ausmaass der Befugnisse, welche dem neuen Fürsten in Ansehung des erworbenen Gebietes nicht zustehen, bezeichnet erst für die Völkerrechtsliteratur die aufsteigende Einsicht von der in der Gebietswandlung liegen-

8) S. BROCKHAUS. Das Legitimitätsprincip. Leipzig, 1868. S. 16 fg. Ueber den Begriff der *Debellatio*: GROTIUS. L. III., cap. 8., §. 1. VATTEL. *Droit des Gens*. T. III., Ch. 13., §§. 197 fg. HEFFTER. Europ. Völkerrecht. 4. Ausg., §§. 176 fg. BLUNTSCHLI. Das moderne Völkerrecht der civilisirten Staaten. Art. 701. Kriegsrecht Art. 185. H. SCHULZE. Einleitung in das deutsche Staatsrecht. S. 392 fg.

den ernsten Wirkung für das staatsbürgerliche Element im Individuum. Den Völkern selbst war daher die einschneidende Wichtigkeit solcher staatlichen Ereignisse mit der dämmernden Erkenntniss ihrer Würde früher in's Bewusstsein gedrungen, als die Wissenschaft ihr formulirten Ausdruck gab. So tritt uns die Erscheinung entgegen, dass im Verkehr gesitteter Völker eine Reihe constanter Uebungen und völkerrechtlicher Institutionen sich an die vollendete Thatsache der Verletzung oder Zerstörung einer Staatsintegrität knüpft; dass diese Einrichtungen zum Schutze des Individuums mit den grossen Wandlungen des europäischen Staatenlebens sich umbilden und erneuen, ohne dass die berufene Lehre bis vor Kurzem jenen Ergebnissen der rechtzeugenden Staatengemeinschaft die ihrer inneren Bedeutung angemessene Beobachtung widmete.

Mit Einemmale zog das internationale Recht den Kreis der durch die Gebietswandlung bedrängten Interessen des Individuums in Berathung, den es vorher gänzlich übersah. Wodurch wurde dieser scharfe Umschwung hervorgebracht? — Welcher äussere Anlass legte die Lücken im Lehrstoffe blos und liess auf ihre Ausfüllung bedacht sein? — Die Lösung der Frage wird nothwendig den springenden Punkt enthalten müssen, der die beiden Literaturperioden scharf von einander trennt. — Was die neue Epoche theoretischer Arbeit von der früheren scheidet, das ist die geänderte Grundanschauung über das Werden und über die Verwirklichung des Rechtes, des öffentlichen wie des privaten. Der Gegensatz, welcher zwischen den beiden Anschauungen besteht, von denen die eine das Recht nur aus dem harten unablässigen Kampfe hervorgehen lässt, während die andere, ältere das Recht schmerzlos, unmerklich wie die Entwicklung einer Syntax-Regel aus der ruhigen Entfaltung des Volkswesens „organisch" hervorgehen lässt, — jener Gegensatz hat sich auf dem Gebiete des öffentlichen Rechtes zu der in der zweiten Hälfte unseres Jahrhunderts befestigten Erkenntniss zugespitzt: Der Krieg ist entgegen der alten Ansicht nicht ein überflüssiges Uebel des Völkerlebens — nicht etwas dem Rechte Fremdes, — „sondern er ist mit dem Wesen desselbén unzertrennlich verbunden, ein Moment seines Begriffs"[9]. Damit war der gewaltsamen Durchsetzung des Staatswillens und ihren Folgen das Heimatrecht im System zu Theil geworden. Es war nicht mehr gefährlich für den positiven Rechtscharakter der Disciplin, von „diesen Dingen" zu handeln, — sie traten vielmehr mit ihrer entscheidenden Bedeutung aus der Bildfläche hervor, und bezeichneten in Einem die nothwendigen Ausgangs- und Zielpunkte einschlägiger Untersuchungen.

2. Die Antwort auf die bedeutsame Frage: — welche Stellung ist dem Individuum gegenüber dem Kriege und dem Kriegsergebnisse angewiesen? — beinhaltet immer in Einem zugleich die genaue Ausdrucksformel für das Maass der in einem bestimmten Zeitpunkte bei einem bestimmten Volke in das Bewusstsein getretenen völkerrechtlichen Pflicht. Das Individuum im Staate bezeichnet jedoch immer etwas Doppeltes. Es ist das an sich und durch seinen persönlichen Interessenkreis Bestimmte — und zugleich aber auch der unbestimmte, weil wechselnde und generell vertretbare Theil der staatlichen Gesammtheit. Jene Frage muss daher immer

9) Ihering. Der Kampf um's Recht. S. 2. Calvo. *Droit international.* T. II., §. 684. *En se plaçant à un certain point de vue on peut dire que l'histoire du droit des Gens n'est pas autre chose au fond que la justification complète de la guerre.* — Laurent. *Hist. du Droit des Gens.* T. I., Ch. 2., §. 1. —

eine doppelte Behandlung erfahren: Die Untersuchung muss die rechtliche Stellung der Persönlichkeit nach ihrer individuell-wirthschaftlichen und ihrer staatlichen politischen Seite umfassen.

Die privatrechtliche Richtung, welche die Lehre des Völkerrechts im bequemen Anschlusse an das System des zur Zeit ihres Aufsteigens bereits hoch entwickelten gemeinen Rechtes einschlug, wandte der vermögensrechtlichen Stellung des Einzelnen zur Staatsaction frühzeitig umfassende Beachtung zu, so dass die Grundsätze über den Schutz des Privateigenthums im Landkriege heute einem ausgebildeten Gebiete dieser Rechtswissenschaft angehören. Der immer dringender werdenden Bewegung zu geschweigen, welche der Ausdehnung dieser Grundsätze auch auf den Seekrieg — im Rahmen der durch des letzten Eigenart bedingten Möglichkeit — zum Siege verhelfen wird. Wir haben es hier mit regelmässig gegliederten Rechtsvorschriften, mit einem funktionirenden internationalen Institute zu thun, welches ebenso wie das seit Jahrhunderten ausgebildete Gesandtschaftsrecht zum anerkannten, weil nothwendigen Inhalte der rechtlichen Völkerüberzeugung geworden ist. Wir sehen auf diesem durchaus dem täglichen Leben und seinen Bedürfnissen angehörigen Plane das Völkerrecht thatsächlich zu dem geworden, was es dem freien Willen seiner Subjekte nach recht eigentlich sein soll: Die Stimme des Gewissens für den gesitteten Staat, wodurch er gemahnt und abgeschreckt werde, in seinem Verhalten zu anderen Staaten launenhafter Willkühr oder ungezügelter Selbstsucht zu folgen [10]). Nur theoretische Rechthaberei kann nicht sehen wollen, dass der rechtliche Schutz der wirthschaftlichen Seite der Persönlich-

10) Bulmerincq. Praxis, Theorie und Codification des Völkerrechts. S. 96.

keit gegenüber dem Kriege, d. h. der gewaltsamen Durchsetzung eines staatlichen Willens durch die gesammte staatliche Kraft, — zu den in den Grundzügen gelösten Aufgaben zählt, welche der Völkerrechtslehre gestellt waren.

Jünger und darum minder scharf begrenzt, minder präcisirt, als die an sich plastischere Frage nach dem Maasse der Wechselwirkung zwischen der äussersten Kraftanspannung des Staates und dem Interessenschutze der Einzelwirthschaft ist die, jene ergänzende Untersuchung, — wie sich denn der Krieg und das Kriegsergebniss zur staatsrechtlichen Seite der Persönlichkeit verhalten, und in wie weit letztere durch erstere bestimmt sei. Offenbar war die Stellung des Individuums zum Kriegsunternehmen des Staates insolange nicht klar abzusehen, als mit Uebergehung dieser staatsrechtlichen Seite jener privatrechtlichen vorweg und überwiegende Erörterung zu Theil wurde. Der Völkerrechts-Literatur des *ancien régime* war eine Berührung dieser gleichberechtigten Materie selbstredend völlig fremd. Das war eben ihre Natur, ihr unterscheidendes Merkmal gegenüber einer entwickelteren nachfolgenden Periode; denn gerade hier liegt die Kluft, die uns meilenbreit von den geistvollen Werken der Moser, Günther, Saalfeld trennt, die sie uns als etwas Fremdgewordenes, Entlegenes erscheinen lässt, während uns die weit minder schöpferischen, minder originellen Schmelzing, Aretin, Rotteck, Gagern verständlicher im Ohre klingen, — weil sie von einer Welt uns sprechen, in der wir selbst uns athmend wissen. Während dort mit der Erörterung der privatrechtlichen Folgen des Kriegsausbruches und seiner Beendigung das Interesse zum grössten Theile erschöpft, der Kreis geschlossen erscheint, innerhalb dessen das Individuum als Gegenstand des *jus belli* behandelt werden kann, — tritt bei diesen in immer steigendem Maasse das

Gefühl auf, dass die gewaltige und gewaltsame Action des Staates dem Einzelnen seine Zugehörigkeit zum grossen Ganzen erst ins Bewusstsein bringe, und dass seine geistige Natur in weit höherem Maasse als seine leibliche davon erfasst werde. Erscheint bei jenen nur der begüterte Theil des Volkes, und zumeist auch dieser nur negativ am Kriegsunternehmen des Staates interessirt, so tritt bei den Neueren der Gedanke des gleichmässigen Betheiligtseins aller Volkselemente an der Durchsetzung des Staatswillens hervor.

Das grosse historische Ereigniss, welches zum Ausgangspunkte dieser mächtigen Entwicklung diente, waren die *levées en masse* zweier der bedeutendsten Culturvölker Europas. Jene beiden Volksbewaffnungen in Frankreich und Preussen an der Wende dieses Jahrhunderts zerstörten den altersgrauen Glauben: der Krieg sei nur das Ergebniss, die Erfüllung eines Einzelwillens, der — Dank dem Zufall — in der Geschichte ebenso gut auch nicht hätte aufsteigen können; — und liessen ihn als Ausdruck des Gesammtwillens erscheinen. Im Kampfe der Republik gegen die Coalition standen sich nicht nur verschiedene Regierungsformen, sondern, was viel entscheidender werden sollte, verschiedene Wehrformen feindlich gegenüber und der Erfolg entschied zu Gunsten des neuen Gedankens. Die Mittel, welche hiebei aufgeboten werden konnten, hatten keine sichtbaren Grenzen, sondern verloren sich in der Begeisterung der Völker und der damit steigenden Energie ihrer Regierungen [11]. Die Willenskraft des Staates, sein kriegerisches Element, war hier zum ersten Male von allen schwächenden Schranken befreit mit seiner ganzen natürlichen Kraft losgebrochen in

11) S. hierüber von Clausewitz. Hinterlassene Werke vom Kriege. III. Bd., Cap. 4 u. fg.

Folge der gleichpflichtigen Theilnahme, welche jedem wehrhaften Manne an der grössten Staatsangelegenheit zukam. Damit trat der elementare Begriff der Staatsbürgerschaft reformirend in das Völkerrechtsleben und in die Völkerrechtsliteratur und zog zugleich die scharfe Grenze, die das XIX. Jahrhundert in beiden von seinen Vorgängern trennt.

3. Während der Krieg der absoluten Monarchie das Wirken einer lebendigen Kraft auf eine willenlose Masse ist, und daher den subjektiven Charakter feindseligen Gefühls in die feindselige Absicht trägt, vollzieht die staatsbürgerliche Gliederung der Gesellschaft die Ausscheidung jenes persönlichen Momentes[12]). In ihr erscheint er als das steigerungsfähige Ergebniss der staatlichen Leistungsfähigkeit, als Aeusserung einer Seite des Gesammtkönnens von mindestens gleicher Wichtigkeit, wie jene der Finanz- oder Industriekraft des Staates. Unabhängig von der persönlichen Tapferkeit des Einzelnen zur Sache des ganzen Staatsvolkes geworden, nahm er eine wesentlich verschiedene Natur an, vielmehr er hat sich seiner wahren Natur, seiner absoluten Vollkommenheit sehr genähert. Maass seiner Wirksamkeit ist der Werth seiner Ergebnisse für das Individuum, das heisst, sein politischer Zweck, indem wir ihn uns in Einwirkung auf die Massen der Betheiligten denken, von denen er ausgeht und die er bewegen soll. Damit ändern sich auch grundsätzlich Wesen und Auffassung des Krieges und seiner Folgen in der Völkerrechtswissenschaft. Dies zeigt

12) *La guerre sans haine ni injure, entre deux nations généreuses pour une question d'Etat inévitable et de toute autre manière insoluble . . . voilà ce qui me semble à moi l'idéal de la vertu humaine.* — PROUDHON. *La Guerre et la Paix.* S. 235 fg.

sich namentlich in Ansehung des Friedensvertrages, welcher fortan nicht mehr blos als Formulirung der aus entgegengesetzten Kraftentwicklungen sich ergebenden Mittelwirkung, sondern vornehmlich als Verfassungsbestandtheil zweier oder mehrerer Staaten in Betracht kommt. Allem voran tritt jedoch die Nothwendigkeit dieses Friedensinstrumentes mit aller Schärfe hervor. Es ist nach Lage der geschichtlichen Entwicklung ganz unrichtig, wenn Autoren noch immer als feststehenden Grundsatz des Völkerrechts annehmen, dass die äusserste Gewaltentfaltung zweier Staaten, der Krieg, auch heute noch auf andere Weise als in Form des Friedensvertrages, etwa durch stillschweigende beiderseitige Einstellung der Feindseligkeiten und darauf folgende Herstellung eines freundstaatlichen Verkehrs beendigt werden könne[13]. So gestaltlos, jedes Ausdruckes entbehrend kann die gewaltsame Action des seines Willens bewusst gewordenen Staates nicht ablaufen, — und die Geschichte des constitutionellen Staatenlebens zeigt auch kein wahres Beispiel für ein solches Verrinnen im Sande. Offenbar zählt das oft citirte Einstellen der Feindseligkeiten zwischen Polen und Schweden i. J. 1716 hier nicht mit; aber auch das von SCHULZE[14]) u. A. angeführte Curiosum des zwischen Preussen und Liechtenstein bestehenden

---

13) S. HEFFTER. Europ. Völkerrecht. 5. Aufl., S. 321. CALVO. *Droit Intern.* II., §. 1289., p. 739. BLUNTSCHLI. Modernes Völkerrecht. Art. 700. SCHULZE. Einleitung in das deutsche Staatsrecht. S. 392. VON HOLTZENDORFF. Encycl. S. 813.

14) Das Fürstenthum Liechtenstein hatte sich an den sogenannten Bundesbeschlüssen vom 14. und 16. Juni 1866 gegen Preussen betheiligt und sein Bundeskontingent zu Oesterreichs Verfügung nach Tyrol gestellt. Preussen betrachtete daher Liechtenstein jedenfalls als Feind . . . „hat es aber nicht für nothwendig gehalten, mit diesem Staate Frieden zu schliessen.“ SCHULZE. l. c.

Verhältnisses bildet keine Gegeninstanz wider unsere Behauptung; denn selbst angenommen, dass letzteres bei den Friedensschlüssen d. J. 1866 und bei Constituirung des Deutschen Reiches einfach übergangen wurde, so erscheint es doch für unzulässig, eine Gemeinschaft, die des Momentes der Autarkie so vollständig entbehrt, — wie dies bei dem süddeutschen Fürstenthume der Fall ist, — als Paradigma für ernst-staatliche Verhältnisse im angenommenen Sinne dieses Wortes aufzustellen.

Je vollkommener nun das staatsbürgerliche Ziel des Krieges ins Bewusstsein der Völker tritt, um so schärfer tritt auch die Sorge für das politische Schicksal der von den Kriegsfolgen mittelbar oder unmittelbar Betroffenen im Friedensinstrumente hervor. Ueberblicken wir die lange Reihe der für die Theorie wichtigeren Friedensschlüsse vom Beginne des XVIII. Jahrhunderts ab, so begegnen wir mit immer steigender Regelmässigkeit einer zweifachen Gruppe von Bestimmungen, welche ohne Rücksicht auf den eigentlichen Friedenszweck jenem Schutze der staatsrechtlichen Seite der Persönlichkeit dienten, lange bevor noch der Begriff der letzteren selbst in Lehre und Leben zur Formulirung gelangt war.

Wieder zeigt sich auch hier der Gang der Geschichte als Bewegung und Entwicklung vom unklaren Gefühle zum Bewusstsein. Ohne dass die zunächst berufene Wissenschaft auf dem Wege vorangeleuchtet hätte, brach sich von altersher im Staatenverkehre die Ueberzeugung Bahn, dass das definitive Abbrechen der Feindseligkeiten zwischen den Staaten sich auf alle Angehörigen der Kriegspartheien und deren Verhältnisse erstrecken müsse, und dass der im Auftrage seiner höchsten staatlichen Pflicht handelnde Einzelne nicht über diesen Zeitpunkt hinaus der exceptionellen Norm des Krieges unterworfen bleiben dürfe.

Die ursprünglich naive Form des wechselseitigen Verzeihens und vollkommenen Vergessens, enthalten in der Amnestie-Klausel der Friedensverträge, zeigt zuerst die Anerkennung des in jenem Auftrage liegenden staatlichen Momentes, — die Zwiespältigkeit zwischen Einzelwillen und Gesammtwillen, und darum ist auch die culturhistorisch eminent wichtige Geschichte jener Klausel in allen Punkten, wo sie sich auf Handlungen von Unterthanen des feindlichen Staates bezieht, zugleich die Geschichte der schärfer sich darstellenden völkerrechtlichen Unterscheidung zwischen dem Bürger in Waffen und dem waffenlosen Staatsbürgerthum. — Corollarisch aus diesem Nachsichts-Versprechen einerseits, und zum andern aus dem überkommenen Gedanken der unveräusserlichen Unterthanstreue ergibt sich eine zweite Gruppe von Bestimmungen, enthalten in Friedensverträgen, welche die vollständige Separation eines Territoriums zum selbstständigen Dasein oder den Uebergang von Gebietstheilen zwischen zwei oder einer Mehrheit von Staaten zum Gegenstande haben. Oberster Zweck dieser Normen ist: Wahrung des dem Bewohner des demembrirten Gebietstheiles zustehenden Rechtes, sich von diesem Territorium abzulösen, um unverändert ein Bestandtheil der ursprünglichen Personengemeinschaft zu verbleiben, — ungeachtet der zur Zeit noch in voller Blüthe stehenden Auswanderungs- resp. Niederlassungsverbote der einzelnen Territorien.

Diese beiden Complexe von Friedensvertragsnormen umgeben demnach in zweifacher Weise schützend die staatsrechtliche Seite der Persönlichkeit. Die Amnestie-Klausel: indem sie das Hinüberwirken des Kriegszustandes auf den Rechtsboden des friedlichen Staatenlebens verhindert; — und die Auszugsfreiheitsnormen, indem sie dem durch die Eroberung oder Cession gewaltsam in den fremden, feindlichen Staat Eingeschlossenen das geeignete Mittel bieten, um die Frage der Staatszugehörigkeit im gegebenen Falle von dem freien Willen des Individuums selbst abhängig zu machen. —

4. Der oberste Fortschritt der Cultur auf dem Gebiete des Rechts besteht darin, dass die persönliche Freiheit, die freie Bethätigung der Persönlichkeit in steigendem Maasse ihre Anerkennung im geltenden Rechte finde. Das gilt für das private, wie für das öffentliche Rechtsgebiet. Zutreffend bemerkt hierüber Ihering (Geist d. r. Rechts I., S. 100): „Der eine Satz, dass der Mensch als solcher Rechtssubjekt sei, zu dem das römische Recht sich praktisch nie erhoben hat, wiegt für die Menschheit mehr als alle Triumphe der Industrie. Um diesen Grundsatz zu verwirklichen, hat die Geschichte Jahrtausende arbeiten müssen.“ Dieses Fortschrittswerk gelangte jedoch vorerst nur auf dem Boden des Sachgüterrechts ans Ziel: der Rechtsgehalt der Persönlichkeit nach ihrer öffentlich-rechtlichen Seite hatte diesen Kampf noch weit länger zu bestehen, bis er zur Anerkennung seines ganzen Umfanges gelangte.

Unter der unbedingten Herrschaft des monarchischen Princips erscheinen Eroberung und Cession als selbstverständliche Erweiterung und Ausdehnung der Herrschergewalt auf die unlösliche Einheit fremden Staatsgebietes und der darauf befindlichen Bewohnerschaft. So lange der Staat nicht in seiner Selbsteigenheit erfasst war; so lange die patrimoniale Anschauung die Erkenntniss zurückdrängte, dass der Staatsbegriff das freiwillige Gebundensein der Glieder des Staatsvolkes an das Staatsgebiet enthalte; — insolange konnte bei den mit seiner Decomposition zusammenhängenden Ereignissen der Wille des Einzelnen nicht auf die Gestaltung und Feststellung seines künftigen Rechtszustandes wirksamen Einfluss nehmen. Es bedurfte erst des gewaltigen Trugschlusses von jener *volonté générale — la volonté de tous,* um die Mitwirkung des persönlichen Willens als constitutiven Bestandtheil des Staatsbegriffes erscheinen zu lassen. Dadurch war das zwischen dem Einzeldasein und dem zur wirthschaftlichen Basis desselben dienenden Staatsgebiete bestehende Verhältniss für ein in seiner Dauer auch vom Einzelwillen beeinflusstes erkannt und damit sinngemäss seiner frühern Unauflöslichkeit und Unfreiheit entkleidet. Sobald dies jedoch der Fall ist, hört aber auch das Staatsgebiet auf Gegenstand der Vererbung, des Tausches, Verkaufes und Pfandes zu sein, — weil die darauf sitzende Bevölkerung aufgehört hatte, als geeignetes Objekt solcher Transactionen zu gelten.

Diese rechtliche Unnahbarkeit des Staatsgebietes in Folge der Undurchdringlichkeit der dasselbe deckenden Bevölkerung, — ist zweifelsohne ein werthvolles Ergebniss der irrigen Vertragstheorie. Die Verfassung der Vereinigten Staaten von Nord-Amerika aus dem J. 1776 spricht zum ersten Male die Untheilbarkeit des Staatsgebietes als Princip aus, — ein Grundsatz, der auf dem Wege der französischen Constitution von 1791 in die lange Reihe europäischer Verfassungsurkunden überging. Wir sehen zu gleicher Zeit als Wirkung dieser Doctrin Hörigkeitsverhältnisse, wo solche in den culturell höher stehenden Ländern noch bestanden, untergehen, oder mindestens abschwächen. Die Auswanderungsbefugnisse erweitern sich [15]) und im Falle des Gebietsüberganges wird

15) S. Hiezu die Reihe der Verträge über gegenseitige Aufhebung des

den von diesem einschneidenden Ereignisse in ihrer staatlichen Existenz direkt betroffenen Bewohnern ein höheres Maass der ihre Staatszugehörigkeit bestimmenden Verfügung eingeräumt.

Unter dem Einflusse jener ausgreifenden Ideen, welche das XVIII. Jahrhundert über den Staat und sein Wesen entwickelte, schritt die Lockerung der überlieferten Ansicht von der Unzertrennbarkeit des Unterthanenbandes in steigendem Masse vor, — bis jene unstaatliche Tradition einer höheren Gedankenreihe Platz machte. In Ansehung unserer Frage namentlich brach sich immer mehr die Ueberzeugung Bahn, dass weder die Eroberung an sich, auch bei Vorhandensein eines vollgiltigen Friedensvertrages, noch auch der hinzutretende Verzicht des „Landesvaters" auf die Unterthanentreue der auszuscheidenden Bevölkerung für den Eroberer ein volles staatsmässiges Verfügungsrecht über diese begründe, und dass insbesondere die zwangsweise Zurückhaltung der, der neuen Gebietshoheit Widerstrebenden gerade dem Grundgedanken zuwiderlaufe, welcher zur Zeit Staat und Staatsgewalt aus dem vertragsmässigen Verhalten aller Einzelnen entstehen liess.

Vergleichen wir diese Gedankenreihe mit den Anschauungen hervorragender Autoren des XVI. und XVII. Jahrhunderts, — da selbst der Hellsten Einer, JOHANNES BODINUS (*De Republica* I., c. 6) dem Einzelnen durchaus das Recht abspricht, die Heimat zu verlassen, und den Bürger im Staate zurückzuhalten geradezu für ein wesentliches Majestätsrecht erklärt; — dann tritt uns der Inhalt der Vertragstheorie reichlicher gegliedert entgegen, im Vergleiche zu ihrem begrifflichen Umfange vor dem XVIII.

Jus Albinagii bei MARTENS *Recueil* Bd. I. u. fg. NEUMANN *Recueil des Traités concl. par l'Autriche.* T. I., p. 40 u. fg.

Jahrhundert. In consequenter Durchführung ihres Grundgedankens gewährt sie dem Einzelnen dort die Freiheit der Vertragsschliessung, wo deren praktische Möglichkeit vorliegt, in dem Falle nemlich, da mit dem Wechsel der Staatsautorität in Ansehung eines Gebietstheiles das Individuum an die Kante seiner staatlichen Existenz gestellt erscheint, so dass nunmehr die Frage seiner Zugehörigkeit zu einer bestimmten staatlichen Gemeinschaft in seinem freiwilligen Ermessen ihre Entscheidung findet, — während diese sonst in der Regel schon durch die Thatsache seiner Existenz allein gesetzt wird.

So tritt uns denn die aus dem Bewusstsein des freien Bestimmungsrechtes entspringende Entscheidung über die Frage der Zugehörigkeit zu einem von mehreren Staatswesen, mit anderen Worten: Die Befugniss der ausdrücklich oder stillschweigend abzugebenden Willenserklärung im bisherigen Staatsverbande zu verbleiben, oder einem bisher fremden beizutreten, — die Option — als ein vornehmes Produkt des philosophischen Jahrhunderts entgegen, erfüllt von jener Schätzung der Persönlichkeit, welche die politischen und Rechts-Bildungen dieser wichtigen Epoche scharf kennzeichnet.

Ohne uns die Unmöglichkeit zu verhehlen, eine für den einzelnen Fall ausreichende *justa causa* aufzufinden, betrachten wir im Allgemeinen die Eroberung oder die Gebietserweiterung auf dem Vertragswege als eine aus Ursprung und Bestimmu'ng eines gewissen Staates sich ergebende Entwicklungsnothwendigkeit; als Befriedigung eines nach Zeit und Geschichts-Umständen eingetretenen Bedürfnisses des Staates auf Erweiterung seines

Bewegungsgebietes[16]). Von diesem Gesichtsfelde aus muss uns aber nothwendig der zwingende Gegensatz auffallen, welcher jenem Gedanken der aggressiven staatlichen Ausdehnung zum letzten Grunde liegt. Auf ihre regelmässigen Erscheinungsformen zurückgeführt, tritt uns nemlich bei jeder Eroberung oder Cession 1) ein Staat entgegen, welcher seine Macht auf den Theil eines fremden Staatsgebietes zu erstrecken sucht; 2) der andere Staat, welcher sich, wie bisher auch weiterhin im Besitze des bestrittenen Theiles zu erhalten bemüht ist, und endlich 3) das fragliche Territorium mit der dasselbe deckenden Bevölkerung. Stellen wir diesen mechanischen Bestandtheilen des Eroberungsbegriffes: Staatsnoth und Staatskraft des erwerbenden Staates einerseits, — Besitzrecht des unterliegenden Staates und Willensfreiheit der in ihrer Staatsangehörigkeit bedrohten Bevölkerungstheile anderseits — gegenüber, so stossen wir auf zwei Gedankenreihen, die sich wie entgegenwirkende Kraftgrössen wechselseitig aufheben. Denn, entweder geht unsere Anerkennung der das Handeln und Wirken aller Völker bestimmenden Entwicklungsgesetze und Verhältnisse so weit, dass wir das Recht der Eroberung in der höheren Pflicht der Entwicklung des erobernden Staates finden, dann unterwerfen wir den zweiten Staat und die Bevölkerung des bestrittenen Gebietstheiles dem feindlichen Zwecke und Willen der siegreichen Gemeinschaft; — oder jedoch, es praevalirt in uns die Anerkennung des im gegenwärtigen Besitzstande liegenden Rechtes, selbst auf Kosten jener für nothwendig

---

16) „Das entwickelte Culturbedürfniss oder Machtgefühl (?) kann eine Erweiterung des Gebietes verlangen . . . dann entsteht die oft schwierige Aufgabe, das natürliche Recht des eigenen Wachsthums und der vollen Entwicklung mit den Rechten der anderen Nationen auf ihr Gebiet und den geschichtlichen Verhältnissen auszugleichen.“ BLUNTSCHLI. Staatslehre §. 271.

angenommenen Entwicklung der andern Gemeinschaft, — dann machen wir aber die Bevölkerung des ersten Staates dem entwicklungsfeindlichen Zwecke und Willen der beiden anderen Bevölkerungen dienstbar und unterworfen. Wir gelangen somit nach beiden Richtungen zu einem nothwendigen Zustande für die Bewohner der feindlichen Staaten, welcher mit der Idee der menschlichen Freiheit als „Unabhängigkeit von eines Andern nöthigender Willkühr" schlechterdings unvereinbar wäre.

Hier, wie dort, tritt uns ein Volksleben entgegen, das im Entwicklungs- und Umbildungsprozesse begriffen die rechtlich organisirte Volksgemeinschaft — den Staat — in jene Bewegung hineinziehen will, während Ausdehnung und Begrenzung der einzelnen Staatsgebiete selbst gegebene, feste Grössen „praejudicirliche Thatsachen" sind [17]. Gerade unter dem Gesichtspunkte dieser Doppelreihe veränderlicher und unabänderlicher Thatsachen tritt der rechtsphilosophische Grund der Optionsidee in ihrer zunächst vermittelnden Bedeutung scharf hervor. Von jenen Gegensätzen ausgehend unterwirft sie sich dem zwingenden Gedanken der staatlichen Ausdehnungskraft in Ansehung des nackten Territoriums — um dafür das Selbstbestimmungsrecht der darauf befindlichen Bevölkerung im staatlich denkbarsten Umfange dadurch zu schützen, dass sie die entscheidende Frage der Staatszugehörigkeit [18]) potenziell von dem Willen des Individuums allein abhängig macht. —

---

17) S. Die Rechtsverhältnisse des Staatsgebietes, von Inama-Sternegg. Tüb. Zeitschrift. Bd. 26., S. 317; Held. Staat und Gesellschaft. Bd. I., S. 534.

18) Wir bezeichnen mit diesem Ausdrucke die in der Willenserklärung liegende Bewegung, im Gegensatze zur ruhenden Bedeutung der „Staatsangehörigkeit".

Bei jedem einzelnen Optionsfalle spielt sich in reduzirtem Massstabe der grosse im Staatsbegriffe liegende Prozess ab: — Der staatlichen dauernden Verbindung des Menschen mit dem seiner ökonomischen Existenz zur Basis dienenden Gebietstheile; — oder im umgekehrten Falle der entsprechenden Auflösung dieses bisher bestandenen Verhältnisses. Der sogestalt gewonnene Ausweg ermöglicht die Versöhnung des scharfen Gegensatzes zwischen dem Freiheitsrechte des Einzelnen und dem Nothrechte des erwerbenden Staates. Im Geiste dieser Entwicklung bilden, wenn Landestheile von einem Staate an einen andern abgetreten werden, den direkten Gegenstand dieser Abtretung nicht die Menschen, welche auf jenem Gebiete wohnen, sondern das Land selbst mit der Summe der in demselben wirksamen Hoheitsrechte, die Territorialgewalt. Die Bewohner unterlagen nur so lange dem Schicksale von Grund und Boden, so lange sie an die Scholle gebunden waren; ist es ihnen dagegen freigestellt, ihren bisherigen Wohnsitz zu verlassen, so ist ihr Verbleiben in dem Lande, das seine Herrschaft gewechselt hat, als freiwilliger Akt der Unterwerfung zu betrachten, ihr Verbleiben stellt sich der immer nur auf die äussere Form der Erscheinung gerichteten Cognition des Staates als rückhaltslose Anerkennung des neuen staatlichen Verhältnisses dar.

Kehren wir mit dem im Bisherigen gefundenen Resultate zum Ausgangspunkte unserer Darstellung der Eroberung zurück, — welche wir als Zustand inneren geschichtlichen Zwanges für den erobernden, und freiheitswidriger Noth für den unterliegenden Staat, d. h. in jedem Falle für die Gesammtheit der die beiden bildenden Menschen erkannt haben, — dann gelangen wir zur vollen Erkenntniss des in der persönlichen Staatswahl liegenden culturellen

Fortschrittes. In ihrem wahren Lichte besehen erscheint dann diese völkerrechtliche Einrichtung als wirksame Correctur des in der gewaltsamen Eroberung (oder der ihr gleich wirkenden Cession) ansonst liegenden Verletzung des hohen Gebotes der Sittlichkeit: dass kein Mensch blos als Mittel für fremde Zwecke behandelt werden dürfe, sondern immer auch zugleich als Zweck an sich selbst betrachtet werden muss[19]. — Dieses aus dem Begriffe der menschlichen Freiheit fliessende Recht der Persönlichkeit trat, wie wir sehen werden, ziemlich spät in das Bewusstsein der rechtzeugenden Staatengesellschaft; es schwankte sodann mit dem zeitweiligen Abblassen der Grundidee, ohne aber völlig zu verschwinden, — und stieg gekräftigt durch den nationalen Gedanken neuerdings auf, um in jüngster frischer Zeit als das ausgebildete völkerrechtliche Institut der Option in der Praxis der Staaten und in der Theorie dauernde Gestalt zu gewinnen. —

5. Je sorgfältiger wir in das Wesen und in den eigenthümlichen Charakter einer Institution des internationalen Verkehrs eindringen, desto mehr werden wir die innere Nothwendigkeit ihrer Entwicklungsrichtung *pro praeterito* von dem rein Zufälligen trennen und die künftig sich gestaltenden Formen ihrer Ausbildung bestimmen können. Die uns beschäftigende Einrichtung anlangend, stellt sich die Option von allem zufälligen, nebensächlichen Beiwerke losgelöst, als mannichfach gegliederte Bethätigungsform der völkerlichen Rechtsüberzeugung dar. Ihre Technik — die

19) S. KANT. Metaphysik der Sitten. I. Th.: metaphysische Anfangsgründe der Rechtslehre. Das öffentliche Recht. §. 55.

sinnliche Verwirklichung im einzelnen Anwendungsfalle — wird immer durch den Charakter der besonderen Verhältnisse bestimmt werden, die ihre Vornahme umrahmen. Je nachdem dieselben friedlicher oder kriegerischer Natur sind, wird sie auch in ihrem Gefüge das grössere oder geringere Spannungsverhältniss zum Ausdrucke bringen, welches zwischen der neuen Staatsgewalt und der optirenden Bevölkerung besteht. Anders werden Optionsbefugnisse lauten, welche aus Anlass einer glatten Grenzregulirung zwischen befreundeten Staaten aufgestellt werden — anders Optionsnormen, welche die Populationsverschiebung vertragsmässig abgepresster oder im offenen harten Kampfe eroberter Provinzen regeln sollen.

Immer ist es der erwerbende Theil, der auf den Charakter der aufzustellenden Staatswahlbedingungen den überwiegenden Einfluss nehmen wird, weil das Ergebniss der Staatswahl selbst unmittelbar seine Interessensphäre berührt. Sicherheit und Dauer des territorialen Zuwachses und damit seiner übrigen staatlichen Existenz sind für ihn von dem Umfange abhängig gemacht, welcher den Optionsbefugnissen der zur Wahl berufenen Bevölkerung gegeben ist. Während der verlierende Staat in der Option das Mittel sieht, welches ihm den staatstreuen Theil der abgetretenen Bevölkerung in sein Gebiet führen soll, — dient sie dem erwerbenden Staate in Ansehung der der Annexion feindlichen Bewohnerschaft als Sicherheitsventil zur Ableitung der seiner Herrschaft direkt widerstrebenden Elemente.

So wenig zahlreich auch die Punkte sind, auf welchen sich die Interessen der Contrahenten des Cessionsvertrages völlig decken, so ist ihr einheitliches Zusammenwirken bei Fixirung der Optionsbefugnisse doch die unerlässlichste Voraussetzung zur Definitivgestaltung der Bevölkerungsverhältnisse in den beiderseitigen Gebieten. Lassen sich beide Staaten von der Tendenz ihrer divergirenden Interessen zur Aufstellung incongruenter Massnahmen bestimmen, dann wird erfahrungsgemäss jener oberste Zweck vollständig verfehlt, und die versöhnende Wirkung des Zeitenlaufes auf die Gemüther der von der Cession Erfassten durchaus vereitelt. Die Optionsvornahme gelangt in diesem Falle nie zu ihrem beabsichtigten Ergebnisse: — Klarheit in die Sachlage zu bringen, und genau den Personenkreis Jener zu umschreiben, welche von einem gegebenen Zeitpunkte ab befugt sind, in einem der beiden Staaten Anerkennung ihrer Zugehörigkeit und den Schutz ihrer bürgerlichen Rechte zu beanspruchen. —

Regelmässig wird der Friedens- (Cessions-)vertrag nur die obersten Grundsätze enthalten, welche den Anordnungen der beiderseitigen Regierungen zur Basis dienen sollen. Mag nun die Durchführung einer Option sich als Folge friedlicher Verträge oder kriegerischer Ereignisse darstellen, in beiden Fällen werden die aufzustellenden Optionsbedingungen in vollem Maasse jene Voraussetzungen bieten müssen, welche dem Individuum wirklich die Bethätigung seines freien Willens in Absicht auf die Staatswahl ermöglichen. Dazu gehört Allem voran die den Umständen gemäss denkbarste Schonung seiner wirthschaftlichen Interessen. Soll der Bewohner des in seiner Staatspertinenz geänderten Gebietes wahrhaft frei über seine Staatszugehörigkeit entscheiden können, dann darf seine Entscheidung keinen allzu harten Abbruch seines Vermögens herbeiführen. Wenn auch die mit der Auswanderung, mit dem Aufgeben des bisherigen Lebenskreises verbundenen Vermögensnachtheile meistens unberechenbar sind, — die direkt berechenbare Verkürzung der bereits vorhandenen Gütersumme wirkte in ihrer plastischeren Gestalt von jeher lähmender auf den Entschluss des Auszugsberechtigten. Die Emigrationsgebühr[20]) beruhend auf dem überkommenen „Rechtfertigungsgrunde", dass von dem wegziehenden Vermögen billigerweise ein Theil zurückgelassen werde, als Entgeld für den bisher genossenen Schutz, konnte von vorneher keine Anwendung auf Fälle finden, da das ausziehende Vermögen sich eben in den Bereich jener Staatsautorität begeben wollte, deren Schutz es bisher genossen hatte. Aber auch die im XVII. und XVIII. Jahrhundert fast widerspruchslos gebliebene mercantilistische Anschauung, welche das Nachsteuerrecht, wie überhaupt die Erschwerung oder gewaltsame Verhinderung der Auswanderung durch die Gefahr der Verarmung des Staates an Geld und — Soldaten rechtfertigte, wagte es nicht vom Ryswicker Frieden (1697) ab die Handlungsfreiheit des von dem Gefühle der Staatstreue Geleiteten durch Abzugssteuern zu beengen. Seither ist der Gedanke des unbeschwerten, abgabenfreien Auszugsrechts zum Gemeingut des gesitteten Völkerverkehrs geworden und seine nahe zweihundertjährige constante Praxis hat die Härte mancher Begleitungserscheinungen zum Schwinden gebracht.

Der Zwangsverkauf liegender Güter als Optionsbedingung wird nur mehr unter ganz abnormen Verhältnissen statthaft erscheinen, — in den meisten Fällen wird der Gedanke der wirthschaftlichen Einheit von der Aufstellung einer Norm abhalten, welche die Summe der mit jeder Gebietswandlung verbundenen Schwierigkeiten nutzlos vermehrt. Von dem wahrscheinlichen Ausmaass der letzteren wird auch die Fixirung der Optionsfrist

20) S. Kamptz. Literatur des Völkerrechts. S. 127. Klüber. Oeffentliches Recht. §. 229. Mittermaier. Deutsches Privatrecht. §. 102.

abhängen. Dieselbe darf weder zu eng noch in falscher Liberalität in unnöthiger Breite festgesetzt werden. Im ersten Falle behindert, im zweiten verzögert sie die auf Herstellung definitiver Bevölkerungsverhältnisse gerichteten Absichten der beiderseitigen Regierungen. Eine Latitude von 1—2 Jahren hat sich erfahrungsgemäss als Zeitraum erwiesen, welcher der Wichtigkeit der von dem Optirenden zu treffenden Entscheidung angemessen ist. Gegenüber der bisher üblichen Form, die ein- oder mehrjährige Bedenkfrist vom Tage der Vertragsratifikation ab laufen zu lassen, verdient der im letzten deutsch-französischen Friedensinstrumente eingeführte Modus, — den Endtermin der Optionsfrist kalendarisch zu fixiren, den Vorzug höherer Sicherheit.

Neben diesen äusseren Bedingungen der Staatswahl muss ihre Beziehung zum Individuum selbst in's Auge gefasst werden. Sie stellt sich schematisch als Erklärung des Berechtigten dar, Mitglied der bisherigen Staatsgemeinschaft bleiben, oder in das Herrschaftsgebiet eines bisher fremden Staates eintreten zu wollen. Als hiezu berechtigt muss im weitesten Sinne jedes zur Wahrung seiner Rechte befähigte Individuum angesehen werden, das durch die Thatsache der Geburt oder des rechten Domicils mit den cedirten Gebieten staatlich verbunden erscheint. Die Option bildet kein politisches Recht, keine öffentliche Funktion in dem Sinne, dass ihr bezüglich der Staatsverwaltung unmittelbarer Einfluss innewohnte, wie dies beispielsweise in Ansehung des politischen Wahlrechts allerdings der Fall ist. Sie ist von keiner entscheidenden Wirkung für das Leben des Staates, wenn auch ihre Wirkung entscheidend wird für das staatliche Leben des Einzelnen. Hält man diesen Gesichtspunkt fest und erwägt man, dass rücksichtlich der zur Option befugten Personen männlichen Geschlechts weder

Selbständigkeit der Stellung oder ein höheres Maass von Antheil an den öffentlichen Lasten; weder unmittelbare Theilnahme am Gemeinwesen, noch besonderes Verständniss staatlicher Fragen Bedingungen jener Befugniss sind, — dann erscheint die bisherige der Ausschliessung nahekommende Beeinträchtigung der Frauen und namentlich der Ehelosen von der Berechtigung zur Abgabe der erforderlichen Optionserklärungen schlechterdings durch nichts begründet, — und zeigt sich hier offensichtlich die Ansatzstelle für die Ausbildung einer höheren billigeren Rechtsanschauung [21]).

Die Staatswahl erfolgt ausdrücklich oder in gesetzlich präsumirter, stillschweigender Form. Der erwerbende Staat wird hiebei nie vergessen dürfen, dass selbst die begründetste Gebietsnahme doch immer schweres Missgeschick über diejenigen bringt, welche durch die gewaltsame Abtrennung vom Heimatsboden auf die Ueberlieferung einer theuer gewordenen Vergangenheit verzichten sollen. Er wird daher die ausdrückliche Option nur von Bewohnern fordern, die in staatstreuer Anhänglichkeit das cedirte Gebiet verlassen und neben dieser activen Option nicht auch noch Jene, welche gegen ihren Willen im Lande zu verbleiben genöthigt sind, zu Erklärungen verhalten, gegen welche ihre edelsten Gefühle ankämpfen müssen. Das alleinige Verbleiben im Gebiete gilt als concludente Handlung, die hinlänglich den Willen zu erkennen gibt, sich der neuen Staatsgewalt vorbehaltlos zu unterstellen. — In innigem Zusammenhange damit steht die Frage der gesetzlich zulässigen Rückkehr des Emigrirten in den Bereich des entnationalisirten Gebietes.

---

21) S. Mohl. Staatsrecht, Völkerrecht und Politik. II. Bd., S. 295 fg. — Ueber die Option der Minderjährigen s. unten im Abschn. III dieses Buches.

Ist einmal die Richtigkeit des Satzes anerkannt, — und es werden sich kaum Stützen für sein Gegentheil finden lassen, — dass es dem Staatsgedanken zuwiderlaufe, wenn Theile seines Territoriums ausschliesslich oder in überwiegendem Maasse von Fremden oder zumal von besiegten Feinden bewohnt werden, dann muss auch das zur Bekämpfung dieses unnatürlichen Zustandes geeignete Mittel, der Auswanderungsbefehl, in der Rechtssphäre des erwerbenden Staates liegen. Damit aber die zwangsweise Emigration nicht *in fraudem legis* zu einer blos zeitweiligen Verschiebung des Domicils sich umwandle, wird die Auswanderungsnorm immer auch in einem entsprechenden Rückkehrsverbote die complementäre Ergänzung finden müssen. Aus diesem Grunde empfiehlt es sich, die mit Ausserachtlassung dieser Bestimmung verbundene Ungiltigkeit der geschehenen Option in der Optionserklärung des Berechtigten selbst ausdrücklich betonen zu lassen [22]).

---

22) Das in Elsass-Lothringen 1871/72 vorgeschriebene officielle Optionsformular umfasst die wesentlichsten Momente der Optionstechnik, weshalb wir seinen Text folgen lassen:

Par la présente il sera certifié officiellement que (nom, prénoms et qualité) de (origine) . . sous la date . . a remis devant moi par écrit la déclaration suivante:

Je suis né à le ; au 2. mars 1871, j'étais déjà et suis encore à présent domicilié à et conformément à l'article 2 du traité de paix du 10. mai 1871, j'opte par la présente pour la nationalité française. — Il m'est bien connu que cette option de nationalité aura seulement sa vraie suite lorsque je fixerai mon domicile en France avant le 1er octobre 1872. — La susdite option pour la nationalité française se rapporte également sur les membres de ma famille qui suivent:

1°. Sur ma femme . . . . .

2°. Sur les enfants mineurs, issus de ce mariage, qui suivent: . . . . .

. . . . . . le . . . . . . 1872.

Le directeur impérial de police.

Ueberblicken wir das im Vorstehenden gegliederte System der Option, so bringt es an allen Punkten den streng völkerrechtlichen Charakter dieses Institutes zum Ausdruck, d. h. jene innere Eigenschaft, welche dasselbe als diagonale Mittelwirkung aus gegenüberstehenden verschiedenstaatlichen Kräften erscheinen lässt. Zwischen den Freiheitsrechten des Individuums — und den Existenzbedingungen des siegenden fremden Staates war die Entwicklung eines anderen Ausweges, als des der persönlichen Staatswahl schlechthin undenkbar. Ihre Mittel sind darum einer nur durch ihre zweckmässige Realisirbarkeit begrenzten Vervollkommnung fähig. Die Härten einiger die Option umrahmenden Bedingungen und Folgen kommen nur ihrer Unvermeidlichkeit gleich. Es ist darum ein Irrthum, der zum Verderben führt, wenn dem Staate auf diesem Punkte, wo es sich um entscheidende Fragen seines Bestandes für alle Zeiten handelt, weichliche Rücksichtsnahme auf alle gegenwärtig sich regenden Individualinteressen zugemuthet wird. Die oberste Voraussetzung unserer Cultur liegt in der dauernden Verbindung der Lebenskräfte des Volkes mit dem staatlichen Territorium, in der Sesshaftigkeit. Sie darf jedoch nicht so weit erstarren, dass sie zur Fessel wird für die Freiheit des Frei-sein-Wollenden. In transversalen Zuständen, wie sie das Bewegungsgesetz der Geschichte über Völker und über Volkstheile verhängt, gibt es für das Individuum eben nur ein Mittel, das für absolut erkannte Unglück in ein vorübergehendes zu verwandeln: — Das Recht der freien Auswanderung. —

6. Neben der dargelegten Gedankenreihe fand eine Auffassung frühzeitig Vertretung, welche der Idee der freien Staatswahl als Ausfluss des persönlichen Selbstbestim-

mungsrechtes, eine der Irrigkeit der Ausgangspunkte entsprechend falsche Richtung gab. Wieder zeigt es sich auf's Schärfste, dass jede Entwicklungsstufe, welche das Völkerrecht betritt, in innigstem Zusammenhange steht mit der Ausbildung und dem gegebenen Stande der leitenden Begriffe der Staatsrechtswissenschaft. Es ist in Ansehung der uns beschäftigenden Frage schlechterdings unmöglich einen Blick auf ihre geschichtliche Gestalt im XVIII. Jahrhundert zu werfen, ohne dabei unablässig jene Lehre zu streifen, welche der Zeit ihre tiefgehende Signatur gab. Der handgreifliche Trugschluss, der mit seinem Glanze mehr blendete, als zu erleuchten vermochte, — jener Satz ROUSSEAU'S, dass, wo Alle gleich sind, jeder nur sich selbst gehorche, — verfehlte nicht auch im zwischenstaatlichen (internationalen) Verkehre seine täuschende Wirkung zu entfalten, durch die maasslose Verherrlichung des Majoritätsgedankens, welcher den innersten Kern jener Lehre ausmacht.

Die Theorie, welche die volle unveräusserliche Staatsgewalt, — den Inbegriff der Befugnisse, die Mittel zur Erreichung des Staatszweckes zu wählen, aufzubringen und für jenen Zweck zu verwenden — in die Hände des souveränen Volkes legte, that dies trotz aller Kühnheit nicht ohne wesentlichen Vorbehalt. Ihr galt als das allgemeinste Erforderniss eines für den wahren Gesammtwillen anzuerkennenden Beschlusses — die Uebereinstimmung mit dem Gesellschaftsvertrage und mit der daraus hervorgehenden Gesellschaftspflicht. Beschlüsse und Abstimmungen, welche jenseits des durch Aufstellung des Gesellschaftsvertrages bestimmten, der Herrschaft des Gesammtwillens unterworfenen Gebietes liegen, entbehren jeder Giltigkeit; denn jenseits jenes Raumes, über die Kanten des Vereinigungsvertrages hinaus besteht gar keine Gemeinschaft, mithin auch kein rechtskräftiger Gesammtwille. Damit war die Vertragsmaxime in ihrer Wirksamkeit auf bestimmte gesellschaftliche Einheiten beschränkt, localisirt. Diese inhaltliche Schranke war jedoch nicht stark genug, um einer widerspruchsvollen Fortbildung der Gesellschaftsidee im Drange der Ereignisse vorzubeugen. —

Was lag auch dem politischen Geiste Frankreichs zu Ende des XVIII. Jahrhunderts näher, als die Ausdehnung des Majoritätseffectes über die Grenzen des Einzelstaates hinaus, um demselben auch auf die Gestaltung des internationalen Verkehrs volle Wirksamkeit zu sichern. So wie sich im verfassungsmässigen Rahmen des Staatenlebens das Auf und Ab der Bewegung durch den Willensausdruck der Volksmehrheit regle, — so sollten sich auch die Beziehungen mehrerer Staaten und Völker untereinander auf der Basis gleicher Abstimmungsergebnisse leiten lassen. Freilich wurde dabei zweierlei übersehen. Zunächst verdeckte die populäre Fasslichkeit dieser Anschauung den Umstand, dass zwischen verschiedenen, organisirten Staaten kein — nach den theoretischen Grundsätzen der Zeit unerlässlicher — Gesellschaftsvertrag, kein gemeinsamer Pflichtenkreis bestand, und dass nur dieser zwischen Vereinigten jenes Rechtsverhältniss hervorbringen könne, wonach der Wille der Mehrheit für alle Mitglieder in Folge ihrer früher geschehenen freiwilligen Vereinigung bindend sei. — Zum andern aber widersprach die Auflösung staatlicher Einheiten und deren Anschluss an fremde Staaten auf Grund plebiscitärer Majoritätserklärungen wesentlich jenen Grundsätzen, welche die revolutionäre Vertragstheorie über die unbegrenzte Dauer des Gesellschaftszweckes und seine nur einstimmige Lösbarkeit aufgestellt hatte. — Auf so widerspruchsvoller Basis konnte sich beim Untergange des philosophischen Jahrhunderts eine völkerrechtliche Theorie ausbilden, die ihre

Forderung nach praktischer Geltung auf einen falschen Schein von Völkerfreiheit stützt.

Die staatsrechtliche Einrichtung, nach welcher den sämmtlichen politisch berechtigten Einwohnern eines bestimmten Gebietes die Entscheidung über eine staatliche Frage durch eine Abstimmung mit — Ja — oder — Nein — nach einfacher Stimmenmehrheit zugetheilt wird, — das Gebiet mag nun ein ganzer Staat oder auch nur ein bestimmter bei der Frage besonders betheiligter Bezirk sein, — ist weder für die Staatswissenschaft ein neuer Gegenstand der Erörterung, noch ist dieselbe im Völkerleben ohne mannigfache Wirksamkeit gewesen. Dem Alterthum war ihre Anwendung auf breitester Basis bekannt, — nur darf dabei freilich nicht an das römische Institut gleichen Namens gedacht werden, das die Entscheidung der Plebs im Gegensatz zum *Senatus-consult* bezeichnete; und sowohl im Naturrecht als in der Staatskunst wurde schon seit Jahrhunderten darüber verhandelt, ob eine Theilnahme aller politisch berechtigten Staatsgenossen zur Aufstellung und wesentlichen Aenderung grundlegender Verfassungsgesetze oder von Gesetzen überhaupt nöthig und nützlich sei [23]).

Die Wiederaufnahme des Plebiscitgedankens als Ausdrucksmittel der Volkslegislative erfolgte durch die ersten Wortführer der französischen Revolution und nicht, wie vielfach angenommen wird, erst durch Bonaparte. Die Nationalversammlung von 1791 zog offenbar nur die letzte Consequenz der aus der Verbindung der Vertragstheorie und der Theorie des allmächtigen Volkswillens nothwendig sich ergebenden Anschauungen über Wesen des Staates und rechtliche Form der Staatsgründung, wenn sie zum ersten Male die Zu-

23) S. Mohl. Staatsrecht, Völkerrecht und Politik. Bd. II, S. 293.

gehörigkeit fremder Staatsgebiete zum Gebiete Frankreichs einfach von dem Abstimmungsergebnisse der jene fremden Territorien bewohnenden Bevölkerung abhängig machte. Jenem älteren Institute der innenstaatlichen Gesetzgebung durch Plebiscite tritt damit die Einrichtung allgemeiner Abstimmungen zur Entscheidung internationaler Fragen als neue Erscheinung im Völkerleben zur Seite.

Um die Grenzen der uns gestellten Aufgabe zu wahren, und um nicht in die vermengende Manier älterer völkerrechtlicher Darstellungen zu verfallen, müssen wir Wesen und Geschichte der allgemeinen Abstimmung insoweit sie der Staatsrechts-Disciplin angehört, an dieser Stelle voraussetzend übergehen, um uns mit jener Anwendung dieses Institutes zu beschäftigen, welche wir mit Rücksicht auf ihre — auswärtige Beziehungen des Staates regulirende Tendenz mit dem Ausdrucke völkerrechtlicher Plebiscite bezeichnen und so von den erstgenannten unterscheiden wollen.

Das Vorkommen solcher allgemeinen Stimmgebungen im internationalen Verkehre Europa's betraf bisher immer nur Fälle von Gebietsabänderungen, bei welchen der interessirten Bevölkerung anheimgestellt war, durch die Majorität der abgegebenen Stimmen über ihre Staatszugehörigkeit und scheinbar auch über die Staatszugehörigkeit des von ihr bewohnten Territoriums zu entscheiden. Franz Lieber gebraucht in Folge dessen die Bezeichnungen „internationales Plebiscit“ und Annexionsplebiscit als aequivalente Ausdrücke [24]). Ohne zureichenden Grund; weil die Beschränkung jener Einrichtung in ihrer Anwendung auf Fälle der angeführten Art dem

---

24) S. Franz Lieber. *De la valeur des Plébiscites dans le droit international. Revue de droit international. Tome III, p. 159 u. fg.*

Begriffe nach keineswegs nothwendig ist. Die principielle Grundlage war gegeben in dem Gedanken der unmittelbaren Theilnahme aller Volksgenossen an der Entscheidung einer Frage der auswärtigen Politik — d. h. der Gestaltung und Erhaltung der staatlichen Einheit zur übrigen Gesammtheit; — es war daher offenbar nicht in der Bescheidenheit der Urheber dieser Theorie der Anlass für die Mässigung gelegen, welche jene Mitwirkung aller Volksgenossen nur auf die obige Gruppe von Ereignissen beschränkte. Es ist am Ende auch nicht erfindlich, warum die Entscheidung durch das Stimmenmehr des Volkes nicht auf alle Angelegenheiten jenes staatlichen Lebenskreises oder doch zum Mindesten auf die wichtigsten derselben sich erstrecken sollte. Ohne Zweifel sind Fragen, sei es über die Zugehörigkeit zu einem Bundesganzen oder zu einer Zolleinigung; sei es über die Auflösung solcher Verbindungen, mindestens für gleichwerthig anzusehen, mit jenen, die Gebietsänderungen betreffen, und für welche das unmittelbare Votum der Bevölkerungen von mancher Seite als Postulat völkerrechtlicher Entwicklung aufgestellt worden ist.

Der vermeintliche Zusammenhang dieser Gedankenreihe mit der Grundidee des continentalen Constitutionalismus liess ihre Sätze lange Zeit unwidersprochen, ihre Behauptungen als unabweisbar erscheinen. Je tiefer eine populare Forderung in der Richtung einer bedeutenden Zeitströmung zu liegen scheint, um so schneller setzt sie sich als unanfechtbar fest und gewinnt dadurch leicht den Anschein praktischer Wirksamkeit. Wenn auch das Mitrathen und die thätige Mitwirkung des Volkes zur breiten Grundlage der modernen Staatsform geworden ist, erscheint deshalb auch der Schluss für zulässig, dass in nothwendiger Entwicklung des parlamentarischen Gedankens, die Völker ihre Geschicke auf der Basis glatter Abstimmungsergebnisse regeln könnten, und dass jeder Wechsel ihrer äussern politischen Daseinsform der Zustimmung aller einzelnen Staatsbürger bedürfe? —

7. Schon diese allgemeinen Erwägungen deuten darauf hin, dass der Grundsatz des plebiscitären Selbstbestimmungsrechts der Völker keineswegs so unzweifelhaft gefügt ist, wie er hingestellt wird, und dass er jedenfalls einer genaueren Bestimmung und kritischen Prüfung in hohem Grade bedürftig ist. Je tiefer der Staatsgedanke in's Bewusstsein des einzelnen Staatsbürgers gedrungen; je breiter der Kreis von Staatsangehörigen ist, deren leibliche und geistige Lebensbedingungen von der Einheit und Wohlfahrt des Staates abhängig sind; um so kräftiger macht sich das fühlbar, was wir den Gemeingeist nennen, — die aus jenem Parallelismus der thätigen Ursachen resultirende Gleichheit der Gesinnung und Wünsche der Einzelnen. Der vorstaatsbürgerlichen Epoche war das unbekannt. Die Bedrängniss des Staates in Krieg, Gebietsverlust und Machteinbusse war nicht persönlich genug für das Individuum. Jeder berechnete sich nur seinen Verlust und war zufrieden, wenn derselbe geringer als der des Nächsten sich erwies.

Erst das gleichpflichtige Staatsbürgerthum machte dem Egoismus dieser Rechenkunst ein Ende und zeigte das Schicksal des Staates auf's Engste mit dem jedes seiner Angehörigen verflochten. Jetzt, da sich der Einzelne auch wirklich als Theil des Ganzen erkannt hatte, wurde in ihm das Gefühl der durch die willenswidrige Abtrennung von seiner Heimat zugefügten Unfreiheit lebendig — und liess in seiner zunehmenden Stärke die auf solche Wirkungen gerichtete Thätigkeit eines Staates als eine den obersten Volksrechten zuwiderlaufende erscheinen. Von da ab konnte die Frage aufgeworfen werden: — Ist es denn erlaubt, über Völker selbst gegen ihren Willen zu verfügen, um sie Staatsganzen einzuzwängen, deren Gemeinschaft sie feindlich gegenüberstehen? — So gestellt musste der Satz freilich rundweg verneint werden, allein im Sachlichen war damit nichts entschieden. Von der Annahme eines unerschütterlichen Friedenszustandes unter den Völkern ausgehend, erschien die Frage überflüssig und gegenüber der Thatsächlichkeit kriegerischer Gebietsnahmen — ihre negative Beantwortung verfehlt. So blieb die Frage denn pendent — weil sie fehlerhaft gestellt war. Demjenigen, der schärfer zublickt, kann nemlich unmöglich das sophistische Element entgehen, das ihren Hauptinhalt bildet, indem sie gerade den springenden Punkt des Verhältnisses als keines weiteren Beweises bedürftig hinstellt. Das Gewicht jener Frage liegt sichtlich darin, ob über Völker gegen ihren Willen verfügt werden könne, — und stützt sich somit auf die falsche Voraussetzung, dass über Völker verfügt wird; hierin liegt aber das „Blendwerk der objectiven Behauptung" [25]) — die in der verneinenden Beantwortung zum Trugschluss: zur Logik des Scheins führt.

Es ist falsch, die aus geschichtlicher Noth fliessende Erweiterung des staatlichen Bewegungsgebiets schlechthin als sittenwidrig angemasste Verfügung über ein Volk darzustellen; es ist wissentlich falsch, die Frage, — ob ein Staat Gewalt über gegebene Gebiete ohne Zustimmung ihrer Bewohner erwerben könne, dahin umzukehren, ob es erlaubt sei, sich eines Volkes oder Volkstheiles gegen seinen Willen zu bemächtigen. So lange dem Individuum das Recht zusteht, durch freie Verfügung über sich selbst, seine Persönlichkeit der Herrschaftssphäre des feindlichen Staates

25) Kant. Kritik der reinen Vernunft. S. 107. (v. Kirchmann).

durch freie Auswanderung zu entziehen; so lange es ihm freisteht, von seinem persönlichen Selbstbestimmungsrechte auf dem Wege der Staatswahl Gebrauch zu machen, so dass das Gewaltsame der Eroberung nur das unpersönliche Element des nackten Territoriums erfasst, — so lange ist es unstaatlich, die Gebietsnahme nur vom Gesichtspunkte der zwangsweisen Einfügung fremder Volkstheile in feindliche Staaten zu betrachten und sie von da aus schlechthin als sittlich verwerflich zu bezeichnen. Wird die rechtliche Möglichkeit einer Gebietserwerbung ohne Zustimmung der Bevölkerung geleugnet, — dann ist dem Rechtsbestande aller heutigen Staaten der Boden entzogen; genügt es aber dieser Undenkbarkeit gegenüber, dass diese Zustimmung erst im Zuge der Zeiten durch Anpassung erfolge und sich manifestire, dann ist jene Theorie falsch, welche meint, dass die Staatsgewalt über ein Staatsgebiet ohne die vorgängige Zustimmung seiner Bewohner von ihrem bisherigen Inhaber nicht auf einen neuen übergehen könne.

Die Gefühle und Interessen der Bewohner werden allerdings durch eine solche Veränderung in der Regel auf's Empfindlichste berührt werden, aber die Rechte, um deren Uebertragung es sich handelt, stehen nicht ihnen zu, sondern dem Staatsganzen, dem sie angehören. Wenn daher dieses durch seine gesetzlichen Organe jene Rechte an einen andern Staat abtritt, so müssen sie sich die Folgen dieser staatlichen Akte gerade so gut gefallen lassen, wie die aller andern. Es kann dem Einzelnen auch sehr unangenehm sein — sagt ZELLER[26]) treffend — wenn seine Regierung das Land mit Schulden überbürdet; aber wenn er nicht

---

26) Das Recht der Nationalität und die freie Selbstbestimmung der Völker. — Preuss. Jahrbücher. 26. Bd., S. 627 fg.

auswandern will, muss er die nachtheiligen Folgen dieses Leichtsinns mittragen. Es kann eine Bevölkerung in das tiefste Elend stürzen, wenn ein unbesonnener Krieg die feindlichen Heere über die Grenzen führt; aber sie kann sich der Kriegslast nicht durch die Einrede entziehen, dass man sie vor der Kriegserklärung nicht um ihre Zustimmung gefragt habe. —

Die Giltigkeit der Verträge, die ein Staat abschliesst, die rechtlichen Folgen, die seine Handlungen für sein Verhältniss zu Dritten nach sich ziehen, können nicht von der Zustimmung der Einzelnen abhängig gemacht werden, die bei demselben mit ihrem Interesse betheiligt sind. Was die verfassungsmässigen Organe eines Staates thun und beschliessen, das ist als That und Beschluss des Staatsganzen zu betrachten, dem der Einzelne als Bürger dieses Staates sich nicht entziehen kann. Das Umgekehrte als Rechtssatz gedacht, wäre die Unterordnung der Interessen der Gesammtheit unter den Wünschen und Interessen eines Theiles, – die Vereitelung einer für das Ganze erkannten Nothwendigkeit durch den Widerspruch eines Bruchtheils. Wenn das staatlich geeinigte Volk durch seine verfassungsmässigen Organe eine Massregel gutheisst, — dann liegt zugleich darin die Forderung, dass auch jedes Glied der Gemeinschaft sich ihr füge, wie empfindlich sie ihm vielleicht an sich selbst sein mag. Dies ist das Recht der Selbstbestimmung des Volkes, was darüber hinausgehen will, das wäre ein der Minderheit eingeräumtes staatsfeindliches Veto gegen den von der Noth der Selbsterhaltung diktirten Beschluss der Majorität.

Die Unhaltbarkeit der Plebiscittheorie tritt aber in's hellste Licht, wenn wir ihr Ideengeflecht auf das Maass der technischen Durchführbarkeit prüfen. Denn, entweder ist die Befragung des Volkes überflüssig, weil die Annexion seinen momentanen nationalen Aspirationen oder staatlichen Wünschen entspricht; oder sie ist gefährlich, wenn sie im andern Falle Sieger und Besiegten in eine Zwangslage bringt, die den ersten immer bestimmen wird, Massregeln zu treffen, welche dem Befragten keine Wahl frei lassen. Darin liegt aber die hohe Gefahr für das Individuum, welche von den Anhängern jener Theorie blindlings übersehen wird. Der Plebiscitgedanke schützt den Patrioten nicht vor den Folgen der Eroberung und zerstört ihm doch von Grund aus den Kreis jener Rechte, welche er als waffenloser Bürger nach allgemein in Anerkennung stehenden Völkerrechtssätzen anzusprechen befugt ist. So stellt sich denn der Gedanke des Plebiscits als Ausdrucksmittel für die rechtliche Anerkennung oder Verwerfung staatlicher Gebietswandlungen auf allen Punkten als verfehltes Ergebniss der maasslosen Ausspinnung eines im staatlichen Verfassungsleben wohlthätig wirkenden Principes dar, als logisch und historisch unhaltbare Folgerung aus der falschen Prämisse, — dass sich die Völker in allen Fällen im freien Spielraum ihres eigenen, freien Wunsches zu staatlichen Einheiten gruppiren.

8. Auf der Suche nach autoritären Stützen für diese Lehre, welche im bisherigen Rahmen des Völkerrechts eine passende Stelle nicht finden konnte, glaubten ihre Anhänger im *J. B. ac P.* selbst Stützpunkte für ihre Anschauung gewonnen zu haben. — „Hugo Grotius fordert nach natürlichem Recht, wenn ein Theil des Staatsgebietes veräussert werden soll, nicht blos die Zustimmung des ganzen Staatskörpers, sondern auch die der Einwohner dieses Gebietstheiles; — ein ge-

rechtes Erforderniss, da es sich um die ganze staatliche Existenz derselben handelt und sie durch die Gesetzgebung des ganzen Staates unmöglich in einem Momente genügend vertreten werden, in welchem diese zur Auflösung der Gemeinschaft geneigt ist[27])".

Ohne die Autorität des GROOT'schen Werkes bei Beurtheilung von Fragen modern-staatlicher Fügung zu überschätzen, scheint uns doch dessen wiederholte Anrufung in dieser Controverse umso ungerechtfertigter, als für dieselbe nicht mehr Grund vorliegt, als zur Anrufung derselben zur Unterstützung der gegentheiligen Ansicht. Eine gedrängte Uebersicht des einschlägigen Quellenmaterials liefert den Nachweis, dass der Begründer der Völkerrechtslehre dem Gedanken des völkerrechtlichen Plebiscits so ferne stand — als er ihm der Entwicklungsstufe des Staatsbegriffes nach nothwendig ferne stehen musste. — Im *Liber II, Cap. VI. De acquisitione derivativa facto hominis* — gelangt der cit. Autor nach Darlegung der allgemeinen Merkmale derivativer Erwerbungsarten im §. 3 auf die Veräusserung der Staatsgewalt und hiebei zu folgenden Resultaten:

„*Sicut autem res aliae, ita et imperia alienari possunt ab eo cujus in dominio vere sunt; id est, ut supra ostendimus, a rege, si imperium in patrimonio habeat: alioquin a populo, sed accedente regis consensu; quia is quoque jus aliquod habet, quale usufructuarius, quod invito auferri non debet. Et haec quidem procedunt de toto imperio*

27) BLUNTSCHLI. Allgemeine Staatslehre S. 281. Allerdings fügt BLUNTSCHLI gleich hinzu: „aber die Noth der Umstände wird in den meisten Fällen derart stärker sein, als jener Grundsatz des natürlichen Rechtes".

summo." — Liegen schon Vergleiche nach dieser Richtung und in der angeführten Art durchaus unserer Auffassung von Staat und Staatsgewalt entgegen, so steigert sich diese aus der Grundverschiedenheit der Ausgangspunkte nothwendig sich ergebende Divergenz im Verfolge dieser Erörterungen. Selbst jene Sätze, welche vornehmlich zur Stütze des Plebiscitgedankens dienen sollen, geben ihren Gegnern gleich wirksame Mittel der Bekämpfung in die Hand. Von dem Vergleiche ausgehend, dass kranke Gliedmassen zum Wohle und zur Errettung des ganzen Körpers abgetrennt werden dürfen und müssen, zieht nemlich GROTIUS im §. 4 die Folgerung, dass im Gegensatze zu jenem Verhältniss des menschlichen Körpers zu seinen Theilen die Abtrennung von Staatstheilen nicht ohne Zustimmung derselben erfolgen könne: „. . . *In partis alienatione aliud insuper requiritur, ut etiam pars, de qua alienanda agitur, consentiat. Nam qui in civitatem coëunt: societatem quandam contrahunt perpetuam et immortalem, ratione partium quae integrantes dicuntur: unde sequitur has partes corporis naturalis, quae sine corporis vita vivere non possunt, et ideo in usum corporis recte abscinduntur* . . ."

Offenbar kann diese Stelle Nichts zur Schlichtung dieser Controverse beitragen. Die moderne Anschauung der organischen Bildung des Staates, muss consequent die Möglichkeit seiner organischen Decomposition anerkennen; sie kann daher auch nicht Folgerungen über die Unlöslichkeit staatlicher Bande für richtig hinnehmen, insoweit und weil dieselben aus der unhistorischen Idee der staatlichen Vereinigung zu einer „immerwährenden und unsterblichen Gemeinschaft" fliessen. Es ist aber auch zudem unbegründet von Seite der Vertheidiger des Plebiscits in jener These GROOT'S gerade die Forderung einer unmittelbaren Theilnahme aller einzelnen Volksgenossen zu erblicken. Ihm ist vielmehr das Schicksal des Staatstheiles bei Loslösung von einem bisherigen Staatsganzen etwas durchaus Verschiedenes von dem Schicksale der einzelnen Volksglieder .... „*tamen proprie, cum populus alienatur non ipsi homines alienantur, sed jus perpetuum eos regendi qua populus sunt*“[28]), — und in seinem Werke leuchtet mehrfach der Gedanke durch, dass über den Einzelnen die Gesammtheit als etwas durchaus Selbständiges bestehe, und dass jener ein Wille innewohne, welcher nicht durch die Summe aller Einzelwillen gebildet werden könne.

Spätere Autoren — Wolff, Burlamaqui, Moser, Schmalz kommen der Frage nur nahe, obwohl sie durch J. J. Rousseau's Satz: „... *Habiter le territoire, c'est se soumettre à la souveraineté*“ (*Contrat soc. L. 4, Ch. 2*), bereits einen festen Kern erlangt hatte. Gagern's ausgreifende Ideen reichen nicht bis zu ihrer Stelle. Dem radicalen Kriticismus Rotteck's jedoch konnte ihre Bedeutung für das Völkerleben nicht entgehen. Im Rechtslexicon legte er unter dem Schlagworte „Abtretung“ jene Hauptsätze nieder, welche ihm die philosophische Grundlage dieser Lehre ausmachen. Er anerkennt darin die rechtliche Möglichkeit einer Gebietsänderung und ihre Wirkung auf das Volk, fordert aber hiezu die individuelle Einwilligung der Abzutretenden. Allein den abstracten Forderungen der Theorie gegenüber findet er doch in der Praxis Genügen darin, „dass, wenn auch nicht die Bevölkerung der einzelnen abzutretenden Bezirke, doch wenigstens die Nationalrepräsentation um ihre Zustimmung zu jeder in Frage stehenden Abtretung ange-

28) S. *J. B. ac P. L. I. cap. III, §. 12. 2.*

gangen werde". Von ROTTECK ab fehlen einschlägige Untersuchungen. Erst die Völkerrechtslehrer und Publicisten unserer Tage haben den ernsten Stoff wieder aufgenommen und sich dabei der überwiegenden Mehrzahl nach gegen die theoretische Rechtskraft des Plebiscits und die von seinen Anhängern behauptete Wirkung auf die Staatszugehörigkeit des von der abstimmenden Bevölkerung bewohnten Gebietes — ausgesprochen [29]). Sie traten damit be-

29) ROBERT V. MOHL *l. c.* S. 293 fg. FRANZ LIEBER *l. c.*
ADOLPHE THIERS in der Sitzung des *Corps législatif* vom 18. März 1867: *„Le principe nouveau du consentement des populations est un principe arbitraire, très souvent mensonger, et qui n'est au fond qu'un principe de perturbation quand on veut l'appliquer aux nations"*. —
DE BARANTE. *Questions constitutionnelles. Paris 1848, p. 4. sqs.*
SYBEL. *Le droit de l'Allemagne sur l'Alsace et la Lorraine. Bruxelles 1871.*
H. V. TREITSCHKE. Histor. polit. Aufsätze: *„Cavour"*. — „Was fordern wir von Frankreich". Preuss. Jahrb. Bd. 26, S. 367 fg.
RÜSTOW. Der Krieg um die Rheingrenze 1870.
G. ROLIN-JAEQUEMYNS. *Revue de Droit International.* U. A. Bd. 3, S. 380 fg., 536 fg. Bd. 4, S. 481 fg. Bd. 5, S. 588 fg.
FR. V. HOLTZENDORFF. Eroberungen und Eroberungsrecht.
OPZOOMER. Das Unrecht Frankreichs im Kriege 1870.
E. ZELLER. Das Recht der Nationalität und die freie Selbstbestimmung der Völker. Preuss. Jahrbüch. Band 26, Heft 6.
FELIX DAHN. Zur neueren Praxis und Literatur des Völkerrechts. Krit. Vierteljahresschrift. Bd. XIV, XV. Jahrb. für die deutsche Armee und Marine. Bd. I und III.
Prof. EDGAR LOENING. *R. Dr. J.* Bd. 4, S. 622 fg. und Bd. 5, S. 69 fg.
GUIDO PADELLETTI. *„L'Alsace et la Lorraine et le Droit des gens"*.
PROUDHON. *La guerre et la paix. T. I, p. 433 sq.*
LASSON. Princip und Zukunft des Völkerrechts. S. 30 fg. — etc.
Mit einiger Reserve sind hieher zu zählen:
CALVO. *Droit International. II. ed.* §§. 181, 187, 754, 755, 986 bis 1000 und 1299.
BLUNTSCHLI. Das moderne Völkerrecht. §. 288 fg. — Desselben „Völker-

wusst jenem völkerrechtlichen Idealismus entgegen, welcher auch auf diesem Punkte in patriotischen Regungen und Vorstellungen der persönlichen Moral die alleinige Quelle aller völkerrechtlichen Erkenntniss erblicken zu können glaubt. —

rechtliche Betrachtungen" in HOLTZENDORFF'S Jahrb. Bd. I, S. 388 fg.

LOUIS RÉNAULT (Professeur agrégé à la faculté de droit de Paris) in seinen Völkerrechts-Vorlesungen.

Dr. G. COGORDAN. *De l'acquisition et de la perte de la qualité de français. Paris 1877.* – Das neueste umfassende Werk dess. Verf. *La Nationalité au point de vue des rapports internationaux, Paris 1879*, erschien erst nach Drucklegung dieses Buches. —

FUNCK-BRENTANO-SOREL. *Précis du droit des gens Paris 1877. — etc.*

ZWEITER ABSCHNITT.

OPTION UND PLEBISCIT

IN IHRER

WERTHRELATION.

INHALT.

1. Jede Frage des öffentlichen Rechtes streift in ihren scharfen Ausläufern jenen gewaltigen Gedankenkreis, welcher das tiefe Problem des Staatsbildungsprozesses im Innersten umschliesst. Der Werth ihrer Lösung bemisst sich danach, ob sie in ihrer Bewegung sich jenem Kernpunkte zu nähern sucht, oder ob sie als mittelpunktfliehend, als staatsfeindlich sich erweist. — Wir haben oben den Ideengang dargestellt, welcher unseres Erachtens das Institut der Option aus der Divergenz zwischen Staatsnoth und persönlicher Freiheit dadurch hervorgehen lässt, dass das leblose Staatselement, der Grund und Boden, dem Gesetze der Eroberung unterliegt, während jedem Theile der Bevölkerung das Recht der freien Staatswahl unverkümmert erhalten bleibt. Wir wollen nun im Nachstehenden suchen, ob sich gleicherweise auch für die Plebiscit-Idee, — d. h. für die „Legalisirung“ von Eroberungen oder Abtretungen an Land durch eine allgemeine Abstimmung der darauf Ansässigen — eine von den typischen Merkmalen abhängige Rückführung auf ein allgemeines, die Staatsidee conservirendes Prinzip finden lasse oder nicht. Denn darüber kann wohl nicht ernstlich Zweifel obwalten, dass nur beim Vorhandensein des letztern allein dem neuen Institute Heimatrecht im Lehrgebäude werden kann. —

Ueberblicken wir in dieser Absicht die kurze Geschichte dieser Doctrin, so finden wir, dass ihre Grundlagen und Stützpunkte mannigfache Wandlungen erfuhren. Die Durchsicht ihrer Phasen macht es dem Parteilosen klar, dass jenes behauptete Recht der allgemeinen Abstimmung bei Gebiets-Cessionen einer sicheren Gedankenbasis entbehrt, und nur von Fall zu Fall wechselnd, die Anlehnung an eine herrschende populare Ideenrichtung sucht.

Die französische Revolution steht in den Fällen der auf Volksvoten basirten Gebiets-Annexionen auf dem Standpunkte der vollen Anerkennung des durch diese Volksvoten zum Ausdrucke gelangten Volkswillens, ohne freilich die ihr nachtheilig erscheinenden Consequenzen dieser Anschauung bedingungslos gelten zu lassen. Sechzig Jahre später ruhte das *Suffrage universel* auf durchaus verschiedener Grundlage. Nicht die Willensrichtung des Einzelnen, nicht die numerische Einheit, sondern die linguistisch-naturhistorische Gemeinschaft, das aus der natürlichen Abstammung abgeleitete Gefühl und Bewusstsein einer ausschliesslichen Einheit sollte der Staatsbildung zum obersten Grundsatze dienen. Die Nationalitätenidee, welche als repressives Element den Weltreichsbestrebungen Napoleon's entsprungen war, hatte ihren Höhepunkt erreicht, nachdem sie in Griechenland, Belgien-Holland thatsächlich durch die Pentarchie anerkannt, und 1848 von der Regierung des republikanischen Frankreich zum leitenden Staatsprinzipe proklamirt worden war [1]. Die italienischen Plebiscite der Sechziger Jahre fussen daher völlig auf jener Anschauung, welche im Natio-

1) Die nachweisbar früheste Formulirung des Nationalitätenprinzipes als leitende Staatsidee ist enthalten in LAMARTINE'S *Circulaire du ministre des affaires étrangères aux agents diplomatiques de la République française portant la proclamation des principes qui guideront la R. Fr. dans*

nalitätengedanken die Rechtfertigung aller in Gemässheit der Sprachgrenzen vollzogenen Staatsbildungsprozesse erblickt, — während die früheren Abstimmungen in Nizza und Savoyen noch scheinbar dem Grundsatze der Volkssouveränität Ausdruck geben sollten.

Die schleswig-holstein'sche resp. nordschleswig'sche Frage liess nochmals jenes ethnographische Prinzip, wenn auch mit theoretisch geminderter Beweiskraft in den Vordergrund der öffentlichen Diskussion treten, um anlässlich des deutsch-französischen Krieges und seiner territorialen Folgen einer entgegengesetzten Gedankenreihe Platz zu machen, welche in Ablehnung des Nationalitätengesetzes das Plebiscit wieder als Forderung des freien Volkswillens und des unbeschränkten Selbstbestimmungsrechts der Völker erscheinen liess. Damit war denn die Lehre wieder zu ihrem ursprünglichen Ausgangspunkte zurückgekehrt, nachdem die temporäre Abirrung in der Richtung der nationalen Idee vollends verschwinden musste vor der gewaltigen Erscheinung, dass die Bewohnerschaft zweier eroberter Länder sich dem Anschlusse an das machtvoll geeinigte Muttervolk (Deutschland) einmüthig widersetzte. — Dieses neuartige Ereigniss, welches sich scharf von der nationalen Bewegung der letzten Jahrzehnte abhob, wurde auch ausschlaggebend für die gegenwärtige literargeschichtliche Gestalt der Plebiscittheorie, und für den Inhalt ihrer Bekämpfungen.

Abstrahiren wir vorläufig ganz von der praktischen Bedeutung des Annexionsplebiscites und betrachten wir es lediglich unter dem Gesichtspunkte seines theoretischen

---

ses relations avec les puissances étrangères du 5 mars 1848. — *Vgl.* Emile Carrey *Rec. complet des Actes du Gouvernement provisoire.* — II. Partie p. p. 44—51.

Werthes im Gefüge des öffentlichen Rechtes, so drängen sich uns nothwendig zwei Vorfragen auf, deren Beantwortung allein über seine Anerkennung oder Verwerfung zu entscheiden vermag. Da nämlich der Plebiscitgedanke zwei wesentlich verschiedene Inhaltsmomente birgt, zunächst: die Vorstellung der Abhängigkeit des Territoriums von dem Volksvotum und zum andern: die Bestimmung dieser Pertinenzqualität durch die Majorität der ansässigen Bevölkerung, — so wäre demgemäss vorerst zu erweisen, dass das Staatsgebiet in jenem Maasse von einem Theile der Bewohnerschaft dependire; und zweitens, dass im Falle der Loslösung von der Staatseinheit die Mehrheit jenes Bruchtheils den im gesetzlich geordneten Staatsleben denkbaren Majoritätseffekt auf die Minorität auszuüben berechtigt sei. — Es ist fast überflüssig zu bemerken, dass die Anhänger des plebiscitären „Selbstbestimmungsrechts der Völker" der Analyse dieser Fragen sorgfältig aus dem Wege gehen, um nicht auf Folgerungen zu stossen, die ein weiteres Festhalten an jenem Gedanken sinngemäss unmöglich machen müssten. Die unbefangene Kritik kann nicht einen Augenblick darüber im Zweifel sein, dass beide vorgestellte Fragen ihrem ganzen Umfange nach zu verneinen sind.

Den staatlichen oder nationalen Pertinenz-Charakter eines Gebietstheiles von dem zustimmenden oder ablehnenden Votum der darauf sitzenden Bevölkerung abhängig machen, entbehrt jeder rechtsphilosophischen Begründung und stellt sich als ein ebenso unhistorisches wie staatsfeindliches Unternehmen dar. Es gibt eine Rechts-Kraft, die über dem Willen der im Augenblicke sesshaften Bevölkerung stehend den Staat als das Ergebniss nicht nur nebeneinander, sondern auch nacheinander wechselseitig wirkender Lebenskreise darstellt. Jene übermächtige geschichtliche Ordnung, welche das Individuum in ein Volk setzt, wird nun und nimmer durch eine glatte Stimmenzählung behindert werden, Volksbruchtheile einer geschichtlich bedingten neuen Gemeinschaft zuzuführen.

So innig auch der moderne Staat die Beziehungen zwischen Land und Volk wirthschaftlich und gesetzlich verknüpft; wie sehr auch das fortdauernd gesteigerte Maass dieses gegenseitigen Gebundenseins die erste Voraussetzung für alle culturelle Bewegung ist, so darf doch die Zweckbestimmung des Gesammtbodens niemals den Charakter eines privatrechtlichen Eigenthumsverhältnisses annehmen, derart dass das Staatsgebiet als das der freien Verfügung der gegenwärtig lebenden Volksschichte unterworfene Privatgut anzusehen sei. — Das Staatsgebiet ist für den Begriff des Staates als die dingliche Voraussetzung seiner Existenz ein eben so wichtiges Moment, wie das persönliche in Volks- und Herrschaftsverhältniss; alle Fragen, welche die Gebietshoheit berühren, sind daher Staatsfragen im eminenten Sinne des Wortes, weil sie in ihrer Folge die Existenz des Staates selbst betreffen [2]). Jene Bedingtheit zwischen Staatsvolk und Staatsgebiet verbietet es, die Territorialgewalt als das Eigenthumsrecht Einzelner aufzufassen, sie muss vielmehr, wie jedes constitutive Element der Souveränetät, als politisch-rechtlicher Zustand erscheinen, dessen Ursprung und Zwecke in der Richtung der Gesammtheit liegen. Die Ansicht, welche die Summe, oder gar die Mehrheit der Einzelnen bei Gebietswandlungen mit rechtswirksamer Dispositionsbefugniss ausstattet, muss daher nothwendig zu eben so verkehrten Folgerungen führen, wie jene, welche im

---

2) Frantz. Vorschule zur Physiologie der Staaten. S. 5 u. fg. Bluntschli. Allg. Staatslehre. S. 270 fg.

Souverän den patrimonialen Herrn des Staatsbodens und des darauf lebenden Staatsvolkes erblickt.

Mit Recht sagt darum Lasson[3]), dass die Bewohner der der Cession unterliegenden Gebietstheile, falls sie Unterthanen des früheren Staates bleiben wollen, alle Erleichterungen finden müssen, auszuwandern, und ihr Eigenthum zu veräussern; aber das Land selbst sei doch keineswegs Eigenthum der Individuen, sondern es gehöre dem Staate, richtiger zum Staate. — Ueber das Land im Ganzen verfügt nur der Staat durch seine Organe, und eine durch diese Organe geschehene Abtretung hat ihren vollen Werth ohne alle Betheiligung der Privaten in Zustimmung oder Ablehnung. Die Abtretung der Form nach unter der Bedingung eines zustimmenden Votums der Bevölkerung geht aus dem grundfalschen Principe hervor, — die Menschen über das mit scheinbarer Freiheit verfügen zu lassen, worüber zu verfügen, der Natur nach nicht ihre Sache ist, und was sie als ihr Schicksal hinzunehmen haben. Das Sachgemässe ist hier allein das, dass es jedem einzelnen Individuum für sich unbenommen bleiben müsse, sich frei zu bestimmen, ob es in diesem oder in dem anderen Staate seine Heimat finden will. In dieser Auswanderungsfreiheit bestimmt Jeder, was er vernünftigerweise bestimmen kann und darf: seine eigene Zukunft, nicht die seines Landes, über das er nicht zu verfügen hat.

Was dem Staate frommt und wessen er bedarf, um sich die natürlichen Bedingungen für seine Selbsterhaltung und innere Fortbildung zu sichern, kann immer nur der Staat selbst, die Gesammtheit durch ihre gesetzlichen Organe entscheiden. Kann er die zu seinem Wesen gehörige

3) Princip und Zukunft des Völkerrechts. S. 83.

Freiheit und Unabhängigkeit nicht anders als durch den Verlust von Gebietstheilen erlangen, so darf ihn auch hiebei kein Bedenken, keine Rücksicht hemmen und sein Verfassungsgesetz muss die staatsrechtliche Ausdrucksformel enthalten, die seiner Nothlage ein möglichst rasches Ende setzt. Gegen das Recht der Eroberung in dieser seiner Richtung auf das Territorium spricht sich darum im Grunde kein Autor ernstlich aus. Selbst TERENZIO MAMIANI findet vom Nationalitätenprincipe ausgehend das Moment seiner Rechtswidrigkeit nur in der zwangsweisen Aufnahme oder Zurückhaltung von Volkstheilen in einer stammfremden Staatsgenossenschaft. Allen erscheint ausnahmslos[4]) die Gebietscession an sich als rechtlich zulässige Friedensbedingung. Wenn dem gegenüber BLUNTSCHLI in dem Oben (S. 46) citirten Satze meint, dass der Beschluss des ganzen Staatskörpers nicht hinreiche, sondern dass auch die Zustimmung der Einwohner des abzutretenden Gebietstheiles als gerechtes Erforderniss hinzutreten müsse, — „da es sich um die ganze staatliche Existenz derselben handelt und sie durch die Gesetzgebung des ganzen Staates unmöglich in einem Momente genügend vertreten werden, in welchem dieser zur Auflösung der Gemeinschaft geneigt ist"; — so liegt hier ein Uebersehen des Umstandes vor, dass der unter dem Drucke unabwendbarer Gewalt die Gebietscession beschliessende Staat nicht an eine Auflösung der Gemeinschaft denkt, sondern vielmehr von der Staatstreue jener Bewohner das Aneinanderrücken der Volksgenossen auf dem verringerten Staatsgebiete erwartet. Aber auch unter

---

4) S. ROLIN-JAEQUEMYNS. *De la manière d'apprécier au point de vue du droit international les faits de la dernière guerre. R. Dr. J. T. IV*, p. 480 sqs. —

einem andern Gesichtspunkte ist jenes Raisonnement — in der Klammer bemerkt, das juristisch gewichtigste der gegnerischen Argumente — nicht beweiskräftig, weil es zu viel beweist. Mit eben solchem Rechte müsste auch die Kriegserklärung eines Staates von dem zustimmenden Votum der Armee — bei Volksheeren des ganzen Volkes — abhängig gemacht werden, da es sich bei jener nicht nur um die staatliche, sondern um die physische Existenz jedes einzelnen wehrfähigen Staatsbürgers handelt und daher auch dieser durch die Gesetzgebung unmöglich in einem Augenblicke genügend vertreten wäre, in welchem der Staat durch sein zur Kriegserklärung berechtigtes Organ die Möglichkeit der den Einzelnen treffenden völligen Vernichtung zum Beschluss erhebt.

Da sowohl der abtretende als der erobernde (erwerbende) Theil Staats-Individuen sind, muss die Cession, welche in dem Friedensvertrage oder in einem anderen Staats-Akte ihre gesetzliche Formulirung gefunden, auch dann als rechtsgiltig angesehen werden, wenn die Bewohner der cedirten Gebietstheile nicht individuell um ihre Zustimmung befragt wurden. Der Rechtsgrund für den Bestand jener Verträge liegt in ihrer Tendenz, eine Frage der staatlichen Ordnung der bestimmten Lösung zuzuführen, und sie fordern daher eine gleich unbedingte Unterwerfung des Einzelnen, wie jedes andere Gesetz des Staates.

Erscheint dem Vorangeschickten gemäss die Vorstellung der Abhängigkeit des Territoriums von dem Volksvotum für unhaltbar, so fällt damit auch das zweite im Plebiscitgedanken enthaltene Moment, der Bestimmung dieser Pertinenzqualität durch die Majorität der auf den abzutretenden Theilen ansässigen Bevölkerung. Jedes Plebiscit, welches mit der Verschiebung nationaler Grenzen oder mit dem Wechsel der Staatsangehörigkeit in Ansehung einer Mehrzahl von Bewohnern verbunden wäre, übersteigt in seiner theoretischen Formulirung die Schranken einer singulären Rechtsinstitution und berührt ein Grundelement des Staatsbildungsprozesses selbst. Seine Annahme bedingt die vorhergegangene Entscheidung darüber, dass die einfache Majorität einer Anzahl Stimmender den nationalen oder politischen Charakter der Minderheit endgiltig zu fixiren vermag. Eine Lösung des grossen Problems der numerischen Entscheidungskraft in dieser bedingungslos bestimmten Form ist jedoch dem philosophischen Staatsrechte durchaus fremd.

Fragen wir, worin denn eigentlich die zwingende Kraft des im Rahmen der Grundgesetze des Staates gefassten Majoritätsbeschlusses liege, so finden wir den Entscheid in zwei verschiedenen Gründen gegeben. Zum Ersten ist es der Gedanke der nothwendigen Gemeinschaft und der daraus folgenden Unerlässlichkeit einer bestimmten Beschliessungsform, welche die Minorität zur Anerkennung des Majoritätswillens im Staate bewegen kann. Es ist in der Sphäre der öffentlichen Angelegenheiten bei Berathung und Umfrage nicht eigentlich davon die Sprache, was das einzelne Mitglied wolle, sondern davon, was es dem Gesammtbesten, d. h. dem Gesellschaftszwecke für zuträglich oder angemessen halte [5]). Aus der Sammlung solcher individueller Meinungen oder vorläufiger Willensrichtungen geht dann erst, als Ergebniss die Gesammt-, d. h. die vorherrschende Richtung und somit der Entschluss der Gesellschaft hervor; und sobald dieser erkennbar vorliegt, auch die Schuldigkeit der Minorität, sich dieser Richtung anzu-

---

5) S. hierüber GUIDO PADELLETTI. *Teoria della Elezione Politica. Napoli 1870. p. 64 sqs. et passim.*

schliessen, ohne Unterschied, ob sie mit ihrer Ansicht identisch oder davon verschieden ist. Dieses Opfer des Einzelnen findet im staatlichen Leben seine Compensation, denn der zweite Grund für die vernunftgemässe Geltung des Mehrheitsbeschlusses liegt eben in der Erwartung der Minderheit, während der Dauer der staatlichen Einheit die Majorität für ihre Ansicht zu gewinnen.

Das Alles gilt jedoch nur für das Leben des rechtlich geneigten Volkes, für das Volk im Staate[6]), nicht aber ausserhalb dieser Gemeinschaft, ohne welche der Ausdruck „Majorität" seinen regulatorischen Zweckbegriff völlig verliert. So begreiflich die rechtliche Begründung der Herrschaft der Mehrheit dann ist, wenn der Grundsatz durch allgemeine Zustimmung für künftige Fälle festgesetzt ist: so wenig einleuchtend ist es aber doch an und für sich, dass ein Mensch seine Lebenszwecke und seine Ueberzeugung von ihrer besten Durchführungsweise aufzugeben habe, weil Andere verschiedener Ansicht sind. Wird angenommen, dass die Bewohnerschaft des cedirten Territoriums aus der Staatsgemeinschaft ausscheidet, dann ist auch schlechterdings kein rechtliches Bindemittel denkbar, welches das Schicksal der auf dem Gebiete sesshaften Minderheit mit dem der Mehrheit verknüpfen sollte. Dieser principiellen Sachlage gegenüber verlieren auftauchende Fragen — über Qualificirung der erforderlichen Majorität, über das Stimmrecht Minderjähriger und Frauen etc. an Inhalt und Bedeutung[7]).

---

6) S. Lieber. *R. Dr. J. T. III.*, S. 143. Mohl. Staatsrecht, Völkerrecht und Politik. S. 293 u. fg. Encyclop. S. 336 fg.

7) „Alle Wahlorganisation ist Staatseinrichtung zu öffentlichen Zwecken. Kein Wähler hat von der Natur sein Wahlrecht erworben, sondern Jeder hat es vom Staate empfangen". Bluntschli. Staatslehre. S. 555.

Steht somit schon der stimmenden Volksmehrheit keinerlei Zwangsrecht in Ansehung der gegenwärtigen Minderheit zu, so ist gar nicht abzusehen, wodurch diese — im Laufe der Generationen vielleicht zur Majorität angewachsen — sich abhalten lassen sollte, die Entscheidung der Vorfahren auch ohne äussern Anlass lediglich um der numerischen Thatsache willen in künftigen Tagen umzustossen.

2. Hier sind wir denn bei jenem Brennpunkte der Frage angelangt, welcher den staatsfeindlichen Charakter und damit die theoretische Haltlosigkeit des Plebiscitgedankens darthut, — dessen erste und nächste Consequenz die Auflösung alles staatlichen Bestehens zum Inhalte hat. — Die Folgerung liegt klar am Tage. Sobald wir bei friedlichen oder bei Cessionen, welche als Folge kriegerischer Ereignisse statt haben, das zustimmende Majoritätsvotum der Gebietsbewohner als rechtlich unerlässliches Erforderniss der Giltigkeit betrachten, dann kann keinem Theile, keiner noch so geringzähligen Gemeinschaft im Staate das Recht abgesprochen werden, sich und das bewohnte Territorium durch Mehrheitsbeschluss endgiltig von dem Gesammtstaate abzutrennen. Wenn die Zugehörigkeit zu einem Staatsganzen sich nicht nach dem Willen einer höheren Gesammtheit bestimmt, sondern als das rechtliche Ergebniss der Willensrichtung Einzelner sich darstellt, dann steht auch dem Staate schlechterdings kein Recht zu, die einzelnen Theile — als deren Summe er nur erscheint — wider ihren Willen in der Gemeinschaft zurückzuhalten. Mit anderen Worten: Das Nothrecht des Staates um seiner Selbsterhaltung und inneren Freiheit willen sich von seinem Theile loszulösen, tritt uns im Lichtkreise der Plebiscitidee als das staatswidrige Loslösungsrecht der Staatstheile entgegen. —

Die französische Revolution gab diesem Gedanken bei der ersten Anwendung allgemeiner Volksabstimmungen auch unumwundenen Ausdruck, als sie in Anerkennung eines Mehrheitsbeschlusses der Bewohnerschaft Avignon's und Gebietes, den Anschluss dieser bis dahin päpstlichen Stadt an Frankreich aussprach. — *„Les Avignonnois et les Contadins, — si de leur pleine et entière volonté, ils se sont autrefois soumis au gouvernement du pape, ils ont le droit d'en changer aujourd'hui, et conséquemment celui de se réunir à la nation française, s'ils y trouvent leur avantage"* [8]). Diese in ihrer Kühnheit nur von ihrer Unwahrheit übertroffene These führt ohne Umschweife zur Auflösung jedes staatlichen Seins, — zur Negation der im Staatsbegriffe liegenden wesentlichen Idee der Stabilität.

Die Vertreter des Plebiscitgedankens bemühen sich vergebens, diese Consequenz als unzulässige Schlussoperation darzustellen. So wenig es in staatlichen Dingen ein Princip gibt, welches sich ohne widersinnige Verletzung aller Zweckmässigkeitsverhältnisse bis in alle abstract denkbaren Consequenzen durchführen liesse, — ebensowenig darf aber eine unfertige Idee, eine defecte Vorstellung, als Forderung höher entwickelter Anschauung im System des öffentlichen Rechtes Raum gewinnen, deren erster und natürlichster Folgesatz schon ihren Anhängern selbst als verwerflich erscheinen muss [9]).

8) Bericht JACQUES MENOU'S an die *Assemblée Nationale* vom 31. April 1871. S. *Procès-verbal de l'Ass. Nat. T. 70, No. 762 Appendice.* — Ueber die dogmatisch-geschichtliche Bedeutung dieser Annexionen, s. unten im Abschn. III.

9) Vgl. PADELLETTI in *R. Dr. J. Tome 3, p. 490: „Cette conséquence répugne naturellement à tout publiciste, qui n'a pas perdu „il ben dell' intelletto". On comprend trop bien*

Gehen wir von diesen theoretischen Gebrechen auf die Betrachtung des staatlichen Werthes der Plebiscitinstitution über, so finden wir, dass ihre Bedeutung bei ehrlicher Beurtheilung nicht in dem liegen soll, was sie selbst bietet, sondern in dem, was sie verhüten will. Während die Option das Individuum losgelöst von der Gesammtheit vor die Frage der Staatswahl stellt, gewährt das Plebiscit der zur Abstimmung berufenen Bevölkerung nur die Möglichkeit einer politischen Willensmanifestation. Sie bezweckt jedoch unter Anlehnung an das im staatlichen Leben geltende Mehrheitsgesetz und dessen gewohnte Wirksamkeit auf die öffentliche Meinung: 1) die Erhaltung der Nationalität oder einer bestimmten Staatsbürgerschaft bei den Bewohnern strittiger Gebietstheile, indem sie 2) jeden Eroberungseffekt, welcher der Willensrichtung der zur Abstimmung berufenen Bewohnerschaft zuwiderläuft, schlechthin als völkerrechtlich unzulässig erklärt.

Die ethische Bedeutung jenes Willensausdruckes einer an der Kante ihrer staatlichen Existenz stehenden Bevölkerung kann und soll nicht geleugnet werden, wenn auch dessen juristische Relevanz verglichen mit der in der Optionserklärung enthaltenen offenen Entscheidung vor keiner näheren Untersuchung Stand hält. Allein auch dieser deklamatorische Effekt wird bei der allgemeinen Stimmgabe in ihrer bisherigen Technik nur ganz unvollkommen erreicht. Soll die zugegebene Absicht dieser Massregel darin liegen, die Stimme des Volkes selbst zu hören, und keinerlei Vertretung oder Fiction an deren Stelle zu setzen, dann stellt

que son admission conduirait à la dissolution complète des liens politiques, au chaos dans le droit public, et l'on préfère naturellement sacrifier un peu la rigueur logique". —

sich die bisher festgehaltene Beschränkung des Stimmrechts auf eine relativ kleine Personenzahl als unzulässig dar, oder es prägt sich dabei der innere Widerspruch dieses Projektes in der äusseren Unmöglichkeit aus, es zu realisiren. Als leitender Grundsatz für seine Durchführung muss nämlich offensichtlich einerseits die eigene und unmittelbare Abgabe der Stimme, andererseits die möglichst ausgedehnte Berechtigung zur Theilnahme festgehalten werden. Es liegt im Wesen der Sache, dass von einem Nachweise besonderer Befähigung zum Verständnisse staatlicher Verhältnisse oder einer ungewöhnlichen Betheiligung am Staatswohle überhaupt dabei abgesehen werden muss, und es können daher auch nur Individuen von der Abstimmung ausgeschlossen werden, deren Unfähigkeit zur Abgabe einer irgend beachtenswerthen Stimme, ganz ausser Zweifel steht. Namentlich der Geschlechts- oder Altersunterschied (über den Zeitpunkt der Kindheit hinaus) kann nicht als sinngemässe Schranke gelten. Begreift es sich auch, dass da, wo erst besondere Befähigung zu öffentlichen Geschäften oder die Tragung der öffentlichen Lasten die Berechtigung zur Entscheidung von Staatsfragen begründet, Frauen und urtheilsfähige Minderjährige ausgeschlossen sind, — so erscheint doch deren bisherige Zurückweisung von der allgemeinen Stimmgebung, deren Ausgang ihre ganze politische Existenz bestimmen soll, kaum anders, denn als eine principwidrige Gewaltthätigkeit [10]).

Wenn die Plebiscitidee allen diesen Unvollkommenheiten zum Trotz in Wort und Schrift doch mit der Forderung auftritt, als lebendiger Grundsatz der internationalen Rechtsanschauung zu gelten, — so müssen offenbar ausserhalb der

10) Mohl *l. c.* S. 296.

Peripherie ihrer oft bekämpften Grundsätze, Stützpunkte liegen, welche ihre Widerstandskraft elastisch erhöhen. Blicken wir schärfer zu, so finden wir diese eben in den durch die Anwendung des Plebiscits mittelbar angestrebten Zwecken gelegen; in seiner vermeinten theoretischen Kraft jede gewaltsame Gebietserweiterung zu verhindern und in der daraus folgenden Fähigkeit, den Bewohnern streitiger Gebietstheile wirksamen Schutz ihrer nationalen und staatsbürgerlichen Rechte zu sichern. Wir wollen im Nachstehenden untersuchen, ob dergleichen Volksvoten in der That die geeignete Handhabe zur Erfüllung jener Absichten darbieten, und ob das Mittel nicht gefährlicher als das Uebel sei, zu dessen Bekämpfung es bestimmt ist.

Wer von der unhistorischen Identificirung des Friedens mit Recht und Ordnung — des Krieges mit Rechtsbruch und Verbrechen ausgeht, muss nothwendig zur unbedingten Verwerfung der Eroberung, des einschneidendsten Ergebnisses des Staatskrieges, gelangen. Und doch sind die Staatenbildungen von je zumeist auf dem Wege kriegerischer Gebietsnahme vor sich gegangen. Die Geschichte kennt keinen ewigen unveränderlichen Umfang der Staatsgebiete. Auch der Raum den die Staaten einnehmen, ist abhängig von dem Wachsthum oder Schwinden der Volkskräfte in ihm. Gerade die Arglist und die Gewissenlosigkeit haben die Theorie aufgestellt von dem geheiligten Charakter der legitimen Länder- und Staatenbegrenzung, dem gegenüber die Eroberung einem Diebstahl oder Raube gleichzuachten sei. Solche Anschauungen haben ihren Sinn, so lange die Länder als das Eigenthum ihrer Fürsten angesehen werden, die dann wie Grossgrundbesitzer erscheinen. Dann mag man die geschichtlichen Prozesse der Staatenbildung wie Eigenthumsverhältnisse mit dem Massstabe des Civil- oder

Criminalrechtes oder der privaten Moral messen[11]). Dem gegenüber ist es wichtig, die Thatsache der gewaltsamen Gebietserweiterung sinngemäss zu würdigen, um zu erfahren, ob jene obersten Rechte, die auch dem Besiegten gelassen werden müssen, durch die Lostrennung von Gebietstheilen verletzt werden oder nicht. Wir werden hierbei vermeiden, mit jener ebenso patriotischen als unphilosophischen Anschauung in Polemik zu treten, für welche die Juxtaposition von Recht und Eroberung nichts als *„un agréable intitulé pour une pièce de comédie"* abgeben kann[12]). Gehen wir nämlich von der herrschenden Auffassung des Rechts als eines objektiven Organismus der menschlichen Freiheit aus[13]), so müssen wir in Krieg und Eroberung und deren unleugbar mächtigen regulatorischen Wirkung auf das Menschheitsleben mehr erblicken, als die blos sinnlichen Aeusserungen der staatlichen Leistungskraft, und wir können uns der Einsicht nicht verschliessen, dass ihr Ideengehalt der vorwiegend rechtlichen Bestandtheile nicht entbehrt. In diesem Sinne haben wir oben (Seite 25) die Eroberung oder die Gebietserweiterung auf friedlichem Wege als eine aus Ursprung und geschichtlicher Bestimmung eines Staates sich ergebende Entwicklungsnothwendigkeit hingestellt; als Befriedigung eines nach Zeit- und Geschichtsumständen eingetretenen Bedürfnisses nach Erweiterung des staatlichen Bewegungsgebietes[14]).

---

11) Lasson. a. a. O. S. 82.

12) De Montluc. *Le droit de conquête.* R. Dr. J. T. III. p. 531. sp.

13) Ihering. Geist des römischen Rechts. I. Methode der rechtshistorischen Darstellung.

14) Die Aufstellung einer casuistisch formulirten Eroberungstheorie erscheint ebenso unmöglich, als die Auffindung der correspondirenden *justa causa belli.* Vgl. Holtzendorff. Eroberungen und Eroberungsrecht, S. 19, und in der Revue de dr. i. T. 5. p. 256.

Wer entscheidet aber die Frage dieser Nothwendigkeit; wer soll sie entscheiden? — Die Forderung, Gebietscessionen seien von dem Ausspruche höchster internationaler Schiedsgerichte abhängig zu machen, fällt in das metaphysische Gebiet der Rechtswissenschaft und darum ausserhalb des Rahmens sachlicher Kritik [15]. — Ist aber nicht Gefahr in Fülle, dass Ländergier allemal jenen unbestimmten Entwicklungsdrang zum Vorwande nehmen werde, um der Befriedigung ihrer Gelüste den Schein rechtlicher Nothwendigkeit zu wahren? — Jede Form der Beantwortung muss die letztere Möglichkeit unbedingt zugeben, im Bewusstsein dessen, dass jeder Rechtssatz Unrecht und Missbrauch schon voraussetzt, dass aber keiner durch diese im Wesen aufgehoben werden kann. Dem aufmerksamen Beobachter staatlicher Zustände wird es ohnehin nicht entgehen, dass die Möglichkeit dieser Täuschungsabsicht mit jedem Tage geringer wird; dass der moderne Krieg in immer steigendem Maasse nicht nur der Controle der Oeffentlichkeit unterliegt, — sondern in seinen Elementen, in seinen wichtigsten wirthschaftlichen Bedingungen (Anlehen, Hilfsaktion, Neutralität, etc.) geradezu der zustimmenden Gesinnung dieser Oeffentlichkeit nicht entrathen kann, ohne seine Zwecke völlig zu gefährden. Wenn wir darum in Ablehnung der Plebiscitidee die Lösung der Frage, welchem Staate ein contentioser Gebietstheil anzugehören habe, dem Ausspruche der Staaten selbst überlassen, deren jeder mit dem äussersten Aufwande seines Könnens für seinen Willen einstehen wird, so glauben wir auf besserer Fährte zu sein, als diejenigen, welche eine, die Gesammtheit erfassende Entscheidung in die Hände der in ihren materiellsten Interessen betroffenen Minderheit allein legen wollen.

---

15) S. G. Rolin-Jaequemyns zu Montluc. R. Dr. J. T. V. p. 581--590.

Diese übersehen zudem den grellen Widerspruch, welcher darin liegt: für ein ganzes Land die Nothwendigkeit anzuerkennen, um des unerlässlichen Friedens willen in eine Gebietscession zu willigen, und dennoch wieder in Ansehung eines Theiles der Bevölkerung von dieser zwingenden Noth abzusehen. —

Liegt hier ein Verkennen des Dispositionsrechtes des eigenen Staates rücksichtlich seiner Theile vor, so führt das consequente Uebersehen der Machtsphäre des fremden Staates zur irrigen Annahme, dass diese Theorie ein wirksames repressives Mittel gegen den Eroberungskrieg an sich abgeben könne. Das wäre nämlich dann der Fall, wenn der in kraftvoller Bethätigung seines Willens zur Selbstaufopferung bereite Staat über die Massregeln, die er zu seiner Selbsterhaltung ergreifen will, Theile des feindlichen Staates, des feindlichen Volkes entscheiden liesse. Eine Zumuthung, der kein Staat bei Strafe seines Untergangs sich fügen kann. Liegt im Annexions-Kriege wirklich nichts als eine Summe rechtloser Gewaltthätigkeit, — so würde auch die Besorgniss einem ablehnenden Volksvotum zu widerstehen, den siegreichen Eroberer nicht abhalten, das Ziel anzulaufen, welches für ihn in der Absorption des fremden Gebietstheiles liegt. Steht jedoch die Eroberung nicht in jenem verkehrs- und somit rechtswidrigen Verhältniss zum culturellen Gesammtleben der staatlich organisirten Völker, dann erscheint auch jene wirkungslose Abhaltungsmassregel um so verwerflicher, und ihre Unterstützung für verfehlt. Man muss geradezu unrettbar in der radicalen Vorstellung befangen sein, dass die Geschicke der Staaten und Völker immer nur durch den Willen recht- und pflichtvergessener Lenker bestimmt werden, um bei einer Institution Schutz zu suchen, die sich zur machtvollen Erscheinung des Krieges wie Kinderspiel zu ernster Mannesarbeit verhält. „Begnügen wir uns daran zu erinnern, — sagt PROUDHON[16]), dass das Urtheil, welches der Krieg einmal gefällt hat, das beste Urtheil ist, und dass keine Autorität, von welcher Art auch immer, solches Urtheil zu bekräftigen oder zu beseitigen vermag. — Was will die Meinungsäusserung einer Anzahl von Bürgern, welche ihre Stimmzettel in eine Urne legen, bedeuten neben derjenigen von Kriegern, welche ihr Blut für ihr Vaterland vergiessen?" —

3. Der dieser Anschauung gemachte Vorwurf — eine sichere Zufluchtsstelle für Kriegslust und Länderraub zu werden, zerfällt, sobald wir denselben schärfer angehen. Die in Aussicht stehende Eroberung als Kriegsergebniss kann dem modernen Staate unmöglich als Lockung vorschweben. Wie sehr vielmehr sein complicirter Apparat vom Grund aus jeder Erweiterung seines Wirkungsgebietes abgeneigt ist, — zeigt die Fluth von Unbestimmtheiten, die Menge von jeder Eintheilung spottenden Fragen, die sich aus Anlass territorialer Veränderungen ergeben und deren Entscheidung auf Jahre hinaus ein regelmässiges Fungiren der mechanischen Staatsgewalt fast unmöglich macht. Das Gefühl dieser dem Staatsgedanken zuwiderlaufenden Zustände der Unbestimmtheit lässt die öffentliche Meinung in immer zunehmender Stärke sich gegen jede Veränderung des staatlichen Territorialbestandes auflehnen — oder derselben doch mindestens vorsichtig begegnen. In viel höherem Maasse als früher erscheint die gewaltsame Einverleibung, auch nur geringer Gebietstheile als ein schweres Missgeschik für diejenigen, welche auf die Ueberlieferung einer theuer- gewor

---

16) *La guerre et la paix.* T. I. p. 434.

denen Vergangenheit verzichten sollen, die sich an jene Oertlichkeit knüpft; und viel zahlreicher sind heute im Vergleiche zu ehemals die Interessen, welche durch den Wechsel der Staatsgewalten empfindlich berührt werden [17]).

Weitausgreifende Eroberungen vertragen sich nun gar nur nothweise mit der Idee der constitutionellen Staatsform. Wenn auch nicht geographisch genau fixirbar, ist doch jede Verfassung ihrem Wesen nach auf eine bestimmte Gebietssumme berechnet, mit einem Spielraum, dessen Ausdehnung nicht willkürlich erweitert oder verengert werden kann. Das Mass zu bestimmen, mag im einzelnen Falle unmöglich sein; — unmöglich kann aber jenes Grössenverhältniss geleugnet werden. Eine plötzliche unorganische Gebietserweiterung wird nothwendig zu einer Verschiebung von Gruppen für das öffentliche und private Recht wichtiger Beziehungen und Lebenszustände zur Folge haben, die auch mit dem Aufwande der umfangreichsten Gesetzestechnik in geregelte Bahnen zu lenken, schwer fallen muss. Man frage sich nur, ob es auch nur annäherungsweise in einem culturell ebenso uniformen Gebiete, wie in dem des heutigen deutschen Reiches irgend möglich gewesen wäre, im Laufe eines Decenniums eine solche Nomenclatur gemeinsamer Gesetze und gemeinsamer Staatsinstitutionen aufzustellen, wenn die zu Grunde liegende Gebietserweiterung oder Gebietseinigung eine minder organische, eine minder nothgedrungene gewesen wäre.

Zutreffend findet Eötvös [18]), dass man den Einfluss, welchen die Ausdehnung des Gebietes auf die Verfassung des Staates ausüben müsse, nicht genug zu berücksichtigen pflege. Ist ein Staat plötzlich und zweck-

---

17) S. Holtzendorff. l. c. S. 19.

18) Der Einfluss der herrschenden Ideen auf den Staat. S. 385. fg.

widrig so gross geworden, dass er nur durch Rechtsdichtungen und Gesetzesumgehungen der Unzweckmässigkeit bestehender Gesetze abzuhelfen genöthigt ist, so wird das öffentliche Leben jeden Einzelnen statt ihn zu bessern, schlechter machen. Der Staat selbst aber wird nicht trotz seiner Grösse, sondern wegen seiner Grösse zu Grunde gehen; — „weil jeder Gegensatz zwischen den Gesetzen und den Verhältnissen: zwischen dem, was sein soll und dem was sein muss, zur Entsittlichung, d. h. zur Schwäche führt." — Der moderne Staat ist sich der vollen Tragweite dieser drohenden Gefahr bewusst, daher das Misstrauen auch des siegreichen Staatsvolkes gegenüber Erweiterungen des Staatsgebietes. Er kennt aber auch das Gestrüppe von Hindernissen und Schwierigkeiten, das ihn seiner Eroberung nicht froh werden lässt. Für ihn beginnt im neuen Lande ein Kampf um die Selbsterhaltung, in den er sich selbst gebracht hat. Seine Verlegenheiten häufen sich, je mehr er die Grundsätze der Herrschaft und der Autorität für sich anrufen will, — er, der soeben jene Grundsätze als Stützen der frühern Autorität zu zerstören bemüht ist.

In dem unter absolutem Regime stehenden Staatsganzen unterscheidet sich die Verwaltung eroberter Gebiete zumeist nicht wesentlich von der des übrigen Staatsgebietes. — Der Absolutismus zeigt darum auch ein entwickeltes Anpassungsvermögen fremder Territorien. Fast unhaltbar wird aber die Stellung des in seinen übrigen Theilen freiheitlich-constitutionell regierten Staates. Auf dem vulcanischen Boden der Annexion ist er ganz ausser Stande, seine Gewalt Garantien zu unterwerfen, er kann um dieselbe keine popularen Schranken ziehen, oder sie ihres absoluten Charakters entkleiden. Daher denn neben dem Widerstande der annektirten Bevölkerung — die dauernde Opposition des eigenen Volkes gegen diesen inneren Dualismus der Regierungsform, in welchem dieses eine Verletzung des politischen Gleichheitsgedankens und eine Gefährdung seiner eigenen Sicherheit erblickt. Mag auch die siegreiche Regierung immerhin Freiheit und gesetzliche Ordnung lieben, hier ist es ihr nicht erlaubt, dieser Gesinnung zu folgen. Ohne Vergangenheit auf eine sinnliche Gegenwart pochend, bleibt sie für Jahrzehnte, für Jahrhunderte in einer peinlichen Lage, die es ihr unmöglich macht, sich ihres Sieges, so wie sie möchte, zu bedienen. Es ist darum auch sehr unklar gedacht, wenn LASSON in Fixirung einer Eroberungstheorie meint: der Sieger habe nach vollständiger Unterwerfung des Gegners nur zu untersuchen, wie viel von dem feindlichen Volk und Land eine wirkliche Bereicherung seines Staates bilden würde, und so viel eigne er sich mit voller Giltigkeit an. (S. 81 l. c.) — Diese scheinbar technische Norm ist im Grunde inhaltslos; denn es wäre schlechterdings unmöglich anzugeben, in wie weit und ob überhaupt die Absorption fremden Gebietes gemeinhin als „Bereicherung" des eigenen Staates anzusehen sei. Die Ausdehnung des Staatsgebiets ist schon deshalb nicht immer zugleich ein Machtzuwachs; wir glauben vielmehr, dass nach Lage der staatlichen Entwicklung die Gebietserweiterung sogar in den meisten Fällen nur mit andauernden materiellen Opfern zu erkaufen ist[19].

---

19) Ebenso irrig erscheint darum die Ansicht FELIX DAHNS in der krit. Vierteljahrsschrift Bd., 15. S. 153, welcher im Anschluss an HOLTZENDORFF die Cession und Annexion von Gebietstheilen als *datio in solutum* zur Tilgung der Kriegsschuld förmlich in ein System bringt durch die Behauptung: — Gegenüber einem insolventen und creditlosen Staate bleibt dem Sieger möglicherweise nichts übrig, als den ganzen Betrag seiner Kostenforderung durch Annectirung zu decken. —

Der humane Sieger muss zudem aber auch immer eingedenk sein, dass er das Werkzeug eines, wenn auch unvermeidlichen, doch immer harten Gesetzes ist, und dass Dasjenige, was ihm aus den Ueberwundenen hindernd und feindlich entgegentritt, doch auf naturgemässen Gefühlen und edlen Beweggründen beruht, die mit Schonung behandelt und mit Geduld überwunden sein wollen. — Und die Erlangung solcher Zustände ewigen Schwankens sollte dem auf parlamentarischer Basis ruhenden modernen Staate mit seinen mannigfachen auf Lösung dringenden Fragen wirklich als frivoler Wunsch vorschweben, dessen treibender Kraft nicht genugsam begegnet werden könne? — Der schärfer Zublickende muss erkennen, dass diese inneren repressiven Gefahren weit erfolgreicher die Eroberungslust bekämpfen, als das im Plebiscitgedanken ruhende Moment, der Eludirung der Gebietsansprüche des Siegers durch das Votum der Besiegten. Er muss erkennen, dass die bedingungslose Verwerfung des Eroberungsgedankens nicht nur ihre Tendenz verfehlt, sondern vielmehr in ihr erklärtes Gegentheil umschlägt. Sie schützt den Streitsüchtigen, indem sie ihm die Unantastbarkeit seines territorialen Bestandes zusichert, und ermuthigt ihn zum Angriffe durch Verminderung der möglichen Gefahren, welchen er sich im Gefühle einer theilweisen Straflosigkeit leichter überlässt. Wenn ACHILLE MORIN[20]) im Glauben an die repressive Wirkung die Anerkennung des Plebiscitgedankens fordert, — „um den Krieg aus der Welt zu schaffen durch Aufrichtung aller denkbaren Hindernisse", so begibt er sich offenbar seines wirksamsten Mittels zur Erreichung seines Zweckes. Diesem wird durch nichts

---

20) *Les lois relatives à la guerre selon le droit des gens moderne Paris 1872*

sicherer entsprochen, als durch die Festhaltung des in der Eroberung liegenden völkerrechtlichen Strafgedankens, dass jeder Staat, der sich zum waffenschweren Kriege entschliesst, die Möglichkeit seines völligen Untergangs als obersten Einsatz betrachten muss. —

Hier mag noch die dem Vorausgeschickten nach fast selbstverständliche Bemerkung Platz finden, dass wir auch in der auf rein diplomatischem Wege erwirkten Gebietsübertragung nichts wesentlich Unterscheidendes finden von der, welche sich als Ergebniss kriegerischer Machtentfaltung des Staates darstellt. Im Gegensatze zu Funck-Brentano-Sorel[21]) und Renault, welche hier u. E. Zusammengehöriges zu scharf trennen.

Hier, wie dort muss angenommen werden, dass nur dringende Lebenszwecke den einen Staat die Gebietserweiterung fordern lassen, und hier, wie dort, ist es nur die Noth, welche den andern Staat bestimmen kann, in eine solche partielle Extinction zu willigen. Ob dieser Nothstand nun in geordneten Schlachtreihen oder erst im Vorstadium eines Tausches diplomatischer Noten nach seinem Ausdrucke sucht, macht für das Wesen der Sache keinen Unterschied aus. Wo dergleichen „friedliche“ Plebiscite im Gefolge von Staatsverträgen statt zu haben bestimmt waren, nahmen diese letzteren nicht etwa den Charakter vorläufiger Verständigung an über ein Rechtsgeschäft, dessen Perfection von dem Eintreten einer wesentlichen Bedingung abhängig gemacht erscheint, sondern wurden ihrem ganzen Inhalte nach — also auch rücksichtlich der Gebietcession — mit ihrem Ab-

---

21) *Précis du Droit des gens.* S. 155—158 und *Appendices* S. 503 fg. Renault. l. c.

schlusse perfect, ohne Rücksicht auf die Ergebnisse einer nachfolgenden Stimmenabgabe. Den wörtlichen Nachweis für unsere Anschauung bietet der Turiner Vertrag vom 24. März 1860 über die Annexion von Nizza und Savoyen, welcher seit Jahren als Quintessenz humaner Eroberungsform hingestellt wird — obwohl sich derselbe in Nichts von jedem andern billigen Cessionsvertrage unterscheidet. Jede Textkritik, die nicht mit nationalem Vorgefühl an die Arbeit geht, muss erkennen, dass Cession und Annexion im Eingange des Vertrages als feste Thatsachen hingestellt werden, an deren Bestimmtheit die unsichere Formel nichts ändert — *que cette réunion sera effectuée sans nulle contrainte de la volonté des populations.* Hätte das Resultat der Abstimmung als Determinante für die Staatszugehörigkeit Nizza's und Savoyen's dienen sollen, so wäre der Cessionsinhalt des Vertrages bedingt zu formuliren gewesen, was er thatsächlich nicht ist; dann hätten die vorläufigen Options- und Auswanderungsbestimmungen zu Gunsten sardischer Unterthanen keinen rechten Zweck, — und der Vertrag dürfte im Beginne des Textes nicht die Curialformel tragen, welche als Grund seiner Veranlassung die territorialen Veränderungen des Königreichs Sardinien bezeichnet, welche Veränderungen auch für Frankreich eine Grenzvorschiebung nothwendig erscheinen lassen [22]).

4. Haben wir im Vorstehenden die Bedeutung der Plebiscitidee für das Territorium betrachtet, so erübrigt uns hier noch, gegenüber dem oben dargestellten Effecte der Option, die Wirkung des Plebiscits auf die Wahrung der Staatsbürgerschaft und Nationalität der bedrohten Bevölkerung zu erörtern. —

---

22) S. weiteres über diese Gebietscessionen unter Abschn. III.

In ihren auf die Persönlichkeit gerichteten Zwecken laufen beide Einrichtungen trotz ihrer inneren Verschiedenheit dasselbe Ziel an: Schutz des Individuums gegen den Zwang der Eroberung. Der Unterschied liegt somit bei dem gleichen Bestreben, die Persönlichkeit vor einem Zustande zu schützen, der ihrem freiheitlichen und ihrem Selbstzweck-Bewusstsein widerspricht, in der Auswahl der zweckdienlichen Mittel. Während die Option von dem Individuum ausgehend das Recht der freien Staatswahl auf alle einzelnen Glieder des Volkes auszudehnen sucht, schlägt das Plebiscit den umgekehrten Weg ein, indem es der Gesammtheit überlässt, die Entscheidung für den Einzelnen zu treffen. Unschwer lassen sich hier die völker-psychologischen Momente herausfinden, die es erklärlich machen, dass erstere Institution auf germanischem, letztere auf romanischem Boden Ursprung und Verbreitung gefunden hat. — Aus dieser Verschiedenheit geht aber auch hervor, dass dem allgemeinen Stimmrechte in seiner Anwendung auf Gebietscessionen blos der Werth eines politischen Agitationsmittels, nicht aber der eines Rechtsinstitutes zukommen kann, — weil es an jeder Handhabe fehlt, um seine Entscheidung für das Individuum zu fixiren. Ohne das supplementäre Rechtsmittel der Option wird das Plebiscit geradezu freiheitsfeindlich, indem es die Minorität unterschiedslos der Gewalt unterwirft, zu deren Bekämpfung es selbst bestimmt ist. Jene hat die Kraft der Individualisirung, die diesem durchaus fehlt. —

Ein anderes unterscheidendes Merkmal liegt in dem Umstande, dass von beiden Massregeln nur die eine als friedliche erscheint, während die andere als Fortsetzungsform des Krieges sich darstellt. Als nothwendige Folge ergibt sich daraus die Verschiedenheit der Haltung, welche der von der angewendeten Massregel betroffene Gegner einzunehmen bestimmt sein wird. Während er sich im Falle der Optionsvornahme bis zu gebotenen Grenzen objektiv verhalten, gleichsam ausserhalb des Interessenkreises stehend die Populationsverschiebung unbehindert abspielen lassen kann, — wird ihn die Anordnung einer allgemeinen Volksabstimmung, deren Ausgang seine Waffenerfolge gefährden soll, in eine nothwendig verschiedene Stellung drängen. Bei jedem Angriffe auf Einzelne wie auf Staaten richtet sich die höhere oder geringere Spannung der vorhandenen Widerstandskraft nach dem Werthe oder der subjectiven Werthschätzung des bedrohten Gutes. Der Staat, welcher die Noth des Krieges als Lösungsmittel aufnahm, um seinen auf den Besitz eines fremden Gebietstheiles gerichteten Willen durchzusetzen, wird darum auf Auswege bedacht sein, und solche auffinden müssen, welche das Stimmenergebniss in den eroberten Gebieten mit seinen eigenen Absichten in Einklang bringen. Er wird den Widerstand der Voten mit den ihm geeignet erscheinenden Mitteln bekämpfen, — wie er früher den Widerstand der Waffen bezwungen hat. In seinem begreiflichen Bestreben sich oppositioneller Stimmen zu erwehren, wird daher der Staat nur zu bald in dem von ihm besetzten Gebiete dazu gedrängt sein, das grosse völkerrechtliche Gesetz über die active und passive Kriegsgenossenschaft zu brechen und die scharfe Grenze zwischen Staatsbürger und Staatskrieger zu übersehen.

Im Sinne des Kriegsrechts civilisirter Nationen tritt heute ein vollständiger sowohl activer als passiver Kriegsstand nur unter den von den völkerrechtlichen Repräsentanten der feindlichen Staatsgewalten zum Land- und Seekriege berufenen Personen ein. Alle übrigen Unterthanen des kriegführenden Staates gerathen daneben blos in einen passiven Kriegsstand, insofern nämlich ihr staatsbürgerlicher Zusammenhang mit dem Kriegsheere, sowie Art und Zweck des Krieges ihre Mitleidenschaft unvermeidlich machen [23]). Kann der in Durchführung seines Willens gefährdete Staat diese Unterscheidung auch dem „friedlichen" Bürger gegenüber anerkennen, in dessen Hände durch den Abstimmungsprozess der Kriegsentscheid gelegt ist? — Wird hier nicht vielmehr der Trugpolitik mit den unlautersten Mitteln ein neues ergiebiges Feld eröffnet? — Wir sind somit auch hier zu einem Resultate gelangt, welches uns die Plebiscittheorie als verwerfliche Ausdehnung der im staatlichen Leben wirksamen Mehrheitsidee darstellt, — von welcher im internationalen Verkehre bei Gebietscessionen umsomehr abgesehen werden kann, als die in ihr enthaltenen Nützlichkeitsmomente weit erfolgreicher in dem Institute der persönlichen Staatswahl — der Option — zum Ausdrucke gelangen. —

5. Ein Umstand vor Allen scheint jedoch gegen die letztere Einrichtung zu sprechen: die individuelle staatstreue Abstimmung führt im günstigsten Falle zum Verlassen des Heimatbodens, den das Plebiscit in seinem ursprünglichen Charakter erhalten will. Die Relation fällt hier jedoch nur scheinbar zum Nachtheile der ersteren aus; denn während das Plebiscit von dem undurchführbaren Gedanken ausgeht, durch die Staatswahl der Gesammtbevölkerung indirekt die Staatszugehörigkeit des Streitobjectes bestimmen zu lassen, — begnügt sich die Option mit dem rechtlich und philosophisch Erreichbaren, indem sie in Ausschöpfung der persönlichen Rechte jedem Staatsbürger die

23) S. Heffter *l. c.*, S. 238. Vattel III, 15, §. 226.

Möglichkeit gewährt, zu erklären, welchem Staate er anzugehören die Absicht habe. Alles was darüber hinausgehend, Mittel und Wege bieten soll, um zur Gewinnung der Sympathien der annectirten Bevölkerung zu gelangen, entzieht sich der Cognition des Völkerrechts und fällt in das schwankende Gebiet der Politik [24]).

Wohl muss in den meisten Optionsfällen das Gefühl der Staatstreue des Individuums schwer ankämpfen gegen die Reihen ökonomischer Interessen, welche sich zumeist dem Verlassen des bisherigen Domicils entgegensetzen. Es gilt Bande der Erinnerung, der Familie, des Erwerbes abzustreifen, — um in dem Worte MASSIMO D'AZEGLIO'S Trost zu finden: die Vaterlandsliebe sei ein Opfer — nicht ein Genuss. — Die Noth dieser Erscheinung kommt aber ihrer Unabwendbarkeit gleich. Keinem Staate kann ernstlich zugemuthet werden, gewisse Gebietstheile, an deren Besitz ihm gelegen ist, ausschliesslich oder doch überwiegend von „Ausländern" bewohnt zu wissen, — selbst angenommen, dass diese nicht erst vor Kurzem ihm in Waffen gegenüber standen. Der Fremde ist doch nur als Privatmann der Staatsgewalt unterworfen, nur der Staatsbürger wird von ihr auch politisch [25]) beherrscht. Es ergäbe sich daher für den Fall, als vom Auswanderungszwange abgesehen würde, das Bild einer Abblätterung des Staates, die abnorme Erscheinung eines Staatsgebietstheiles ohne staatsbürgerliche Bevölkerung; — ein Zustand, dem gegenüber der in der nothwendigen Auswanderung liegende Zwang, als ein der Staatsidee minder gefährliches Auskunftsmittel erscheint.

---

24) S. G. ROLIN-JAEQUEMYNS. *R. Dr. J. T. 4, p. 516.*

25) S. wenig zutreffende Ausführungen gegen diesen Satz in dem reichhaltigen Artikel F. v. MARTITZ. Das Recht der Staatsangehörigkeit im internationalen Verkehr. HIRTH'S Annalen des deutschen Reiches 1875. S. 799 fg.

Bestimmen aber die mit der staatstreuen Option verbundenen Nachtheile das Individuum zum Verbleiben auf dem bisher bewohnten Gebiete, d. h. zur Anerkennung der neuen Staatsgewalt[26]), — so tritt auch in diesem Falle ein Moment zu Tage, welches die Option als wirkliches Culturelement erscheinen lässt. Sie zeigt nämlich durch die rechtliche Gleichstellung des siegreichen und des unterliegenden Staates, wie der moderne Krieg selbst in seiner härtesten Abart, verglichen mit dem auf Zerstörung berechneten Kriege der früheren Zeit einen Akt der Erhaltung bilde[27]), und enthält in ihrer Forderung: der im Lande verbleibende Feind **müsse** Bürger des Staates werden, die gewaltige sittliche Steigerung von der dem überwältigten Feinde ursprünglich verweigerten Staatsgemeinschaft — zur völligen rechtlichen und politischen Gleichstellung des Besiegten mit dem Sieger. Wenn es neuer Beweismittel für die Existenz des Völkerrechts gegenüber dessen redseligen Leugnern bedarf, so liegt ein solches zweifellos im Ausblicke auf die grossartige Entwicklungsreihe, welche uns zeigt, dass das steigende Bewusstsein der völkerrechtlichen Pflicht den Sieger von der Tödtung des Unterliegenden zu seiner wirth-

26) J. J. ROUSSEAU: *Quand l'état est institué le consentement est dans la résidence; habiter le territoire, c'est se soumettre à la souveraineté. Contrat social. L. IV, Chap. II. des suffrages.* S. 129.

27) Vgl. LAURENT. *Hist. du Droit des gens. T. I, Chap. II. Une déclaration de guerre était un arrêt de mort contre des populations entières. L'oeuvre d'extermination ne s'arrêtait pas aux champs de bataille; elle emportait les cités, les nations elles-mêmes périssaient. Aujourd'hui la première pensée du conquérant est d'incorporer le pays conquis, il associe les vaincus aux droits et aux avantages du vainqueur.* —

schaftlichen Vernichtung (Sclaverei) schreiten liess, von dieser zur ökonomischen Ausbeutung in Tribut, Leibeigenschaft und Rechtsminderung, um endlich — in der zwangsweisen Gleichberechtigung des Unterworfenen in der Option, seinen gegenwärtigen Höhen- und Ausbildungspunkt zu erreichen.

Kehren wir nun zum Behufe der Vergleichung mit den im Bisherigen gewonnenen Resultaten zu den prinzipiellen Ausgangspunkten unserer Darstellung zurück, so sehen wir in der Option eine durch innerliche Angliederung an actuell staatliche Verhältnisse entwicklungsfähige Correktur der im kriegerischen oder auch nur interessengegensätzlichen Staatenverkehre wirksamen Zwangsmomente. Die geschichtliche Entwicklung dieses Institutes wird uns zeigen, dass die Anerkennung des Selbstbestimmungsrechts bei dem an die Grenze seiner bestimmten staatlichen Existenz gestellten Individuum eben so sehr mit den Zwecken des Einzelstaates und der Staatengesellschaft harmonire, — wie die Vorstellung von dem unbedingten plebiscitären Dispositionsrechte ganzer Bevölkerungen in Ansehung der bewohnten Territorien jenen Zwecken zuwiderläuft. Vermag auch die Option nicht — so wenig als die Plebiscittheorie — die Noth der Eroberung gänzlich aufzuheben, so verbindet sie doch darin Verschiedengeartetes zu einem neuen Sein, und zeigt, dass im Rahmen des völkerrechtlichen Verkehrs, jeder durch Gewalt geschaffenen Autorität nur ein einziges Mittel zu Gebote stehe, sich zu legitimiren: — Die sorgfältige Pflege der Regierungszwecke im versöhnenden Zuge der Zeiten.

Die Plebiscitidee weckt dem gegenüber Wünsche und Forderungen, deren Befriedigung nicht in der Machtsphäre dieses Rechtsgebietes gelegen ist. In ihrem Lichtkreise besehen, erscheint das in der Option Gebotene minderwerthig, dem „Zeitgeiste" ungenügend — und darin liegt ihre Gefahr, weil sie selbst jenen Forderungen nicht zu entsprechen vermag. Die Uebertreibung theoretischer Ansprüche hat dem internationalen Rechte noch nie genützt. Die Anhänger der Plebiscittheorie übersehen, dass der sicherste Weg um an völkerrechtlichen Institutionen zu verzweifeln, im Ueberschätzen ihrer Wirkungskraft liegt, und dass nur durch langsame Umwandlungen und stufenweise Entwicklungen das Völkerrecht zu den mannigfachen, bescheidenen Einrichtungen gelangt ist, die wie Marksteine — auf dem steilen Wege des menschlichen Fortschrittes stehen. —

DRITTER ABSCHNITT.

GESCHICHTE DES OPTIONSINSTITUTES
UND DER
PLEBISCITTHEORIE.

INHALT.

1. Der mannigfaltige Formenwechsel alles staatlichen Lebens verbietet es, Staatsfragen anders als geschichtlich zu begreifen, d. h. mit Zugrundelegung der Mittel und Bedingungen eines Zustandes gebunden an die Verhältnisse einer unmittelbaren Gegenwart. Verfolgen wir so die Wandlungen, welche die Rechtsanschauungen über das Verlassen des Heimatbodens im Zuge der Jahrhunderte durchlaufen haben, dann gelangen wir zu einem trostreichen Ausblicke auf ein weites Gebiet menschlichen Fortschrittes. — Von der bäuerlichen Schollenhaft bis zum Rechte der freien Auswanderung in Friedens- der Option nach Kriegszeiten liegt eine Stufenfolge nothwendiger Kämpfe zwischen dem „natürlichen" Rechte des Einzelnen und der natürlichen Zwangslust des Staates; ein Kampf der mit dem Siege Beider, mit der Harmonie ihrer Interessen geendigt hat. Kaum eine zweite Frage des öffentlichen Rechtes verfügt über eine gleich umfangreiche Literatur, als die über das Recht der Auswanderung. Der Ausgangspunkt ihrer wissenschaftlichen Erörterungen fällt zum grossen Theile in die bewegte Zeit der Religionskämpfe des XVI. Jahrhunderts — da der Auszug Landesangehöriger zum ersten Male auch unter einem anderen Gesichtspunkte als unter dem einer blossen Populationsfrage in Betracht kam.

Bei vorwiegender Berücksichtigung der allgemeinen Erscheinungsformen kann es im Hinblicke auf die Geschichte der Auswanderung leicht den Anschein gewinnen, dass schon das Zeitalter der Reformation dem Optionsgedanken die früheste Entwicklung gab; dass schon im schwererkämpften *Jus emigrandi* im §. 62 des *R. A.* von 1530, im §. 24 des Religionsfriedens von 1555 und endlich im *Art. V*, §. 36 des westphälischen Friedensinstrumentes die Grundlagen jener modernen Einrichtung vorlägen. Trotz jener formalen Uebereinstimmung der schon zeitlich breit getrennten Institute entbehrte jedoch die Annahme eines Connexes jeder historischen Begründung. Im citirten Satze das Reichsabschiedes als der frühesten Norm ist blos von den Katholiken, im Religionsfrieden nur von den Protestanten die Rede, während im angezogenen Artikel des Friedens von 1648 das Normaljahr 1624 als Basis der Berechtigung zur Religionsübung mit subsidiärer Bewilligung des Emigrationsrechtes aufgestellt wurde.

Wollten wir auch davon abstrahiren, dass jenes *flebile beneficium emigrationis* immer nur innerhalb einer zur wichtigsten Vermögensrealisirung unzulänglichen Frist, unter der schweren Last der Nachsteuer, des Abzugsgeldes, Abgaben aller Art in Veranlassung der Auswanderung und unter dem für die ausziehende Religionsgemeinde fast regelmässig eingetretenen *Justitium* zur Ausübung gelangen konnte — s. Meiern. *Acta Pacis Westphalicae Bd. II*, *15. 16. Gravamina Evangelicorum* und *Refutatio Fundamentorum Romano-Catholicorum* das *Jus emigrandi* betreffend, — so tritt doch Allem voran in Ansehung der Optionsidee als charakteristisches Scheidemoment der Umstand hervor, dass jenem ältern Verlassen des Heimatsgebietes seitens eines Einzelnen oder einer Mehrheit der Volksangehörigen nur das Gefühl religiöser nicht staatlicher Gemeinschaft zum treibenden Grunde lag. Und gerade darauf kömmt es doch bei dem Gedanken der freien Staatswahl wesentlich an. Erst in zweiter Linie fällt entscheidendes Gewicht auf das innere Willensmoment, ob jene Trennung ausdrücklich oder unausgesprochen *sine animo revertendi* oder aber geradezu *cum animo non revertendi* erfolgt ist. Während nämlich diese von politischen und ökonomischen Zuständen bedingte subjective Willensrichtung mit ihren möglichen Wandlungen sich wenigstens zum Theil einer kritischen Cognition entzieht, — kann jener Unterschied des religiösen oder staatlichen Gemeinschaftsgefühls als Auswanderungsmotiv gedacht, allerdings die Basis staatsrechtlich relevanter Folgerungen abgeben.

So lange uns daher die Expatriirung nur zum Zwecke der ungestörten Religionsübung, dem Genusse religiöser Freiheit dienend entgegentritt, war der uns beschäftigende Gedanke: — Auszug aus einem fremd gewordenen Staatsgebiete um der Treue willen zum alten heimatlichen Staate — noch nicht in's lebendige Bewusstsein der Völker und ihrer Wortführer getreten. Bei sorgfältiger Revision des einschlägigen Vertragsmaterials begegnen wir deshalb in keinem der Friedens-Instrumente des XVII. und der ersten Hälfte des XVIII. Jahrhunderts einer selbständigen Anordnung, welche den ernsten Schutz jenes persönlichen Selbstbestimmungsrechtes zum Inhalte hätte. Die frühesten schwachen Ansätze desselben treten uns erst in dem zwischen Maria Theresia und Friedrich II. zu Hubertsburg abgeschlossenen Friedensvertrage entgegen.

Das vielfach merkwürdige Instrument vom 15. Februar 1763, welches den 7jährigen Krieg beendigte und durch

Anerkennung der schlesischen Eroberungen Friedrich's II. die Stellung Preussens unter den ersten Mächten Europa's befestigte, gewinnt dadurch neben seiner allgemeinen historischen Bedeutung, besonderes Interesse für die Entwicklung des Völkerrechts. Im Präliminar-Frieden von Breslau (11. Juni 1742) war der Bewohner der an Preussen cedirten schlesischen Provinzen nur insoweit erwähnt, als denselben im Art. VI die freie Religionsübung von beiden Seiten gewährleistet wurde; erst der Friedensvertrag, abgeschlossen zu Berlin am 28. Juli 1742 behandelt sie des Näheren im Art. III, in welchem es allen Bewohnern der an Preussen übergehenden Provinzen freigestellt wird, im Lande zu verbleiben, oder innerhalb eines Zeitraumes von 5 Jahren den Verkauf ihrer Güter oder die Verlegung ihres Wohnsitzes durchzuführen. Die hier gewährte breite Bedenkfrist kann nicht eigentlich als Anerkennung des Staatswahlgedankens angesehen werden; sie wurde vielmehr in Aussicht auf die baldige Wiederkehr des Ringens der beiden Staaten um die strittigen Provinzen in dieser Latitude gewährt, und in der That fällt auch innerhalb derselben der Abschluss eines neuen Friedens, des Dresdener Friedens vom 25. December 1745, welcher eben so wenig wie sein Vorgänger im Stande war, den neuerlichen Ausbruch der Feindseligkeiten hintanzuhalten und der auch keinerlei das Wahlrecht der Bevölkerung betreffende Anordnung enthält[1]). — Die früheste

1) S. Wenckii *Codex Juris Gentium 1871. T. I, p. 734* u. fg. *II, p. 194* u. fg. — Noch der am 24. März 1760 zu Turin geschlossene Grenzvertrag zwischen Frankreich und Sardinien begnügt sich mit einem formellen Verzicht der beiderseitigen Landesfürsten auf die Treue der in den gegenseitig cedirten Gebietstheilen wohnhaften Einwohner (Art. XXVII), und mit einer unvollständigen Bestimmung zum Schutze der in beiden Ländern ansässigen Grundbesitzer (Art. XVIII). S. Wenck *l. c. T. III, p. 218* u. fg.

ernstlich hierauf abzielende Bestimmung liegt uns daher erst in der Hubertsburger Acte vor. Was dieser Friedensschluss selbst bietet, übersteigt auf den ersten Blick hin freilich nicht das Maass dürftigster Einräumungen. Neben Art. VIII, welcher von der gegenseitigen „Rückstellung in Diensten befindlicher gegentheiliger Unterthanen" handelt und somit nichts weniger als das Princip der freien Staatswahl zum Ausgangspunkte hat, — nimmt Art. X unser Interesse in erhöhtem Maasse in Anspruch durch das den Bewohnern der an Preussen cedirten Grafschaft Glatz zugestandene Recht des unbeschwerten Abzuges: „— den Bewohnern der Stadt und der Grafschaft Glatz, welche ihren Wohnsitz anderwärts verlegen wollen, steht es frei, dies innerhalb eines Zeitraumes von zwei Jahren unbeschwert von Abzugssteuern irgend welcher Art zu thun" [2]. —

Wenn auch unentwickelt, treten uns doch schematisch aus dieser ersten Formulirung, die wesentlichsten Momente der Optionsidee mit genügender Schärfe entgegen. Zunächst in dem zulänglich gewährten Zeitraume von zwei Jahren; in dem nothwendigen Verlassen des bisherigen Wohnsitzes und endlich in der gewährleisteten Freiheit von allen Abgaben aus Gründen der Auswanderung. Der Werth jener Friedensbestimmung fällt doppelt in's Gewicht bei der Erwägung, dass es sich hier um den Uebergang eines kleinen Gebietstheiles mit geringer Bevölkerung an einen Staat gleicher Nationalität handelte, — ein Symptom, welches die keimende Kraft der jener Maassregel zu Grunde liegenden Ideen darthut [3].

2) S. Neumann. *Recueil des Traités conclus par l'Autriche. T. I.* Martens. *Recueil des Traités. T. I, p. 136 ff.*

3) Schon der Friedensvertrag von Ryswick (1697) enthielt wohl in Ansehung der Bewohner von Strassburg die Bestimmung: Art. XVII.

Die Wirksamkeit dieser Anschauung äussert sich bei späteren Verträgen in zweifacher Weise. Einmal in der nicht selten wörtlichen Aufnahme der im Hubertsburger Frieden enthaltenen Clausel; sodann aber in den Concessionen an diesen Gedanken, gemacht in solchen Verträgen, welche sich der fortgeschrittenen Ansicht nicht völlig angeschlossen hatten. Zu Letzteren zählt beispielsweise die Convention über Gebietstausch vom 15. Februar 1766, abgeschlossen zwischen dem Könige von Frankreich und dem Fürsten Nassau-Saarbruck, welche nicht verfehlt, von der cedirten Bewohnerschaft zum Mindesten den Adeligen und Privilegirten, eine sowohl in Ansehung ihrer Person als ihrer Güter günstigere Ausnahmsstellung anzuweisen [4]).

Von liberaleren Gesichtspunkten geleitet sind, — so weit es sich um die freie Wahl der Staatszugehörigkeit seitens der cedirten Bevölkerung handelt, — die auf die erste

---

„Liberum tamen maneat omnibus singulis ejus urbis et appertinentium incolis cujuscunque conditionis sint, qui emigrare voluerint, inde domicilium alio quocunque libuerit, una cum mobilibus bonis sine ullo impedimento, detractione aut exactione intra annum a ratihabita pace transferre“. Eine wahre Anerkennung des Optionsgedankens kann jedoch offenbar in einem Vertrage nicht gesucht werden, welcher erst 17 Jahre nach erfolgtem Ueberfalle jener Stadt den bis dahin zurückgehaltenen Bewohnern das Recht der freien Auswanderung eröffnet. S. *Actes de la Paix de Ryswick, à la Haye 1699. T. IV, P. 22.* — Ebenso enthält schon die von der Kaiserin Maria Theresia am 2. März 1741 mit der Pforte geschlossene Convention einen unklaren Vorbehalt in Ansehung der Heimatsverhältnisse der Donauinselbewohner nächst der österreichisch-türkischen Grenze; — sie bietet jedoch der inhaltlichen Unsicherheit wegen kein zur Untersuchung geeignetes Material. S. Wenck. *Codex Juris Gentium 1781. T I,* S. 585.

4) S. Wenck. *l. c. III,* S. 525; Martens. *l. c. T. I,* S. 325 fg. u. 705 fg.

Theilung Polens (1772—1776) bezugnehmenden Staatsverträge und Grenzregulirungsakte. So: *Traité entre S. M. le Roi et la Republique de Pologne et S. M. l'Impératrice Reine de Hongrie et de Bohème signé a Varsovie le 18. Sept. 1773*, und *Acte séparé contenant différentes stipulations signé a Varsovie le 16. mars 1775*[5]). Besonderes Interesse verdienen die Bestimmungen des Friedensschlusses zu Koutschu-Kainardschi vom 10/21 Juli 1774, welche der Bewohnerschaft der an die Pforte gelangenden Gebiete: Bessarabien, Walachei, Moldau, der Archipel-Inseln, etc. auf breitester Basis Schutz gewähren. Nach Inhalt desselben verpflichtet sich nämlich die Pforte im Art. XVI den Familien, welche diese Gebiete zu verlassen entschlossen sind, freien Abzug zu gewähren, innerhalb des Zeitraumes von einem Jahre, gerechnet vom Ratifikationstage der Verträge. Weitergehende Zugeständnisse werden im Art. XXIV jenen Bewohnern gewährt, welche sich zur Zeit in Diensten Russlands oder im Gefolge der russischen Truppen befanden[6]). — Der Teschener Frieden vom 13. Mai 1779, welcher in Beendigung des bayrischen Erbfolgekrieges dem pfälzischen Hause Bayern, dem österreichischen das Innviertel mit Braunau und dem preussischen die Erbfolge in den Markgrafschaften Anspach und Baireut zusicherte, beschränkt sich in Art. VI auf die wörtliche Wiedergabe der im Art. VIII des Hubertsburger Friedens aufgestellten Normen.

Wenn wir den zwischen Frankreich und Spanien am 27. August 1785 zu Elisson abgeschlossenen minder wich-

5) S. Martens. l. c. T. II, p. 109 u. fg. Wesentlich gleichlautende Bestimmungen enthalten die Verträge vom 18. September 1773 resp. 15. März 1775 zwischen Russland und Polen und Preussen und Polen.

6) S. Martens. l. c. T. II, S. 287 u. fg.

tigen Grenzregulirungsvertrag nicht unerwähnt lassen, so geschieht dies in Erwägung der den gegenseitig cedirten Unterthanen reichlich gewährten Auswanderungsbefugnisse und wegen des nachweisbar frühesten Gebrauches des Ausdruckes: Option im Art. VII. — „*Afin d'éviter tout préjudice aux sujets des deux souverains . . . il a été convenu qu'ils auront une entière liberté de rester sous la domination dans laquelle ils se trouvent, ou de passer dans celle du souverain dans le territoire du quel se trouveront leurs possessions. Pour l'option entre ces deux partis, il leur sera accordé dix-huit mois de délai* etc.“[7]). —

Ueberblicken wir das dieser ersten Epoche angehörende Vertragsmaterial in Absicht auf unsere Frage, so tritt uns als durchschnittliches Kennzeichen die Erscheinung entgegen, dass die Staatsgebietscessionen sich nicht mehr ihrem ganzen Umfange nach als wichtige, dennoch aber nur die Personen der interessirten Fürsten allein betreffende Geschichtsereignisse darstellen, sondern sie treten aus dem rein thatsächlichen Zustande des Gebietsverlustes auf der einen und der Gebietserweiterung auf der anderen Seite in den Rahmen eines wechselseitigen Rechtsverhältnisses. Seine Elemente öffentlich-rechtlichen Charakters sind in den vertragsmässigen Bestimmungen gegeben über die Ausscheidung eines bisherigen Staatsgebietstheils (Cession) zum Zwecke seiner Aufnahme in einem bisher fremden Staatsganzen (Annahme) und in der Unabhängigmachung der Bewohnerschaft von dem staatlichen Schicksal des cedirten Gebietes. Gerade an diesem Punkte verlieren die Verträge des bezeichneten Abschnittes völlig den Schein privatrechtlicher

7) S. Martens. l. c. T. IV, S. 26.

Abmachungen, der ihnen früher anhaftet, und bringen dadurch ihren statuirenden Gesetzescharakter wesentlich zum Ausdruck. —

2. Diese Ansätze einer völkerrechtlichen Entwicklung fanden jedoch in den staatsgesellsschaftlichen Einrichtungen der Zeit nicht jenen sichern Halt, welchen jede Fortbildung des Bestehenden bedingt. Der endliche Ausbruch der mehr und mehr gesteigerten geistigen Spannung gegen die rechtsbeständigen Formen des öffentlichen Lebens zu Ende des XVIII. Jahrhunderts gefährdete jene kleine Entwicklung durch den Versuch, an die Stelle organischer Entfaltung die gewaltsame Ausdehnung eines theoretisch richtig erkannten Grundsatzes treten zu lassen. — Trotz der feierlichen Erklärungen der Menschen- und Völkerrechte musste die französische Revolution nothwendig zur Leugnung des Gleichheitsgedankens aus dem Grunde gelangen, weil sie in ihren Beziehungen zu anderen Staaten von dem Vorbehalte eines rechtlich und culturell begründeten Vorranges des französischen Volkes vor anderen Völkern ausging. Dieser innere Widerspruch führte in seinem weiteren Verlaufe zu einer eigenthümlichen Vermengung der französischen Volksfreiheit und der Zwangsbeglückung Anderer, zur Vertreibung der „Tyrannen" von dem geheiligten Boden Frankreichs und Aussendung von Generalen zur Uebernahme der Herrschaft über die Grenznachbarn. Hier die einheitliche und untheilbare Republik mit dem Anspruche der Unverletzlichkeit ihres Gebietes und dort die Zerstückelung und Theilbarkeit der Nachbarländer im Interesse des rechtmässigen Uebergewichtes der französischen Nation [8]).

---

8) S. Holtzendorff. Eroberungen und Eroberungsrecht. Berlin 1871. S. 18 u. fg.

Die Jahre 1789—1795 enthalten eine Reihe gewaltsamer oder freiwilliger Anschlüsse fremder Gebietstheile an Frankreich, deren historische und symptomatische Bedeutung ein näheres Eingehen rechtfertigt. Auch v. MARTENS räumt in seinem Sammelwerke dem einschlägigen Materiale in scharfer Erkenntniss der völkerrechtlichen Relevanz dieser Ereignisse eine besondere Stellung ein unter dem Schlagworte der *Réunions de différents États et districts à la France.* — Schon die frühesten Entscheidungen lassen den gänzlichen Abgang leitender Grundsätze im Verhalten der Nationalversammlung bei Fragen über Erweiterung des Gebietsumfanges erkennen; denn während diese in ihrem Decrete vom 30. November 1789 die Insel Corsica dem französischen Reiche einverleibt, und deren Bewohner den französischen Gesetzen unterworfen erklärt, ohne den Rechten der dieser Verfügung Widerstrebenden auch nur entfernt Rechnung zu tragen; — stützt sie ihr Gesetz vom 13. September 1791 über die Einverleibung der Gebiete von Avignon und des Comtats von Venaissin auf kein geringeres Rechtsmoment — als auf das Stimmenmehr der Bewohnerschaft jener seit 500 Jahren päpstlichen Gebiete. Unvermittelt, wie mit einem Schlage tritt plötzlich der Plebiscitgedanke mit der Forderung seiner objectiven Rechtskraft auf, und er liegt auch so tief in der allgemeinen Gedankenströmung der krausen Zeit, dass selbst der Cardinal-Camerlengo in seinen Protestationen gegen jene Einverleibung bei Bekämpfung dieses ersten Annexionsplebiscits sich mehr in einer quantitativen Schätzung der Abstimmungsergebnisse als in einer qualitativen Kritik des Grundgedankens selbst bewegt [9]). —

---

9) S. HENKE'S Archiv für Kirchengeschichte. 1795, p. 22 u. fg.

Schon 1789 machte sich in Avignon und Gebiet eine lebhafte Agitation fühlbar, die das Aufgehen dieser Territorien in Frankreich zum ausgesprochenen Zielpunkte hatte. Dennoch entschied sich die Nationalversammlung, an welche diesfällige Petitionen geleitet worden waren, wiederholt für die Abweisung des Reunionsprojectes; so auch am 23. November 1789, und noch am 4. Mai 1791 erklärte sie mit grosser Majorität, dass Avignon und der Comtat nicht zu Frankreich gehören, und dass daher aus jenen Municipien einlaufende Anschlusspetitionen ernste Berücksichtigung nicht finden können [10]. Die ablehnende Haltung war jedoch nicht von Dauer und schlug nach Entsendung eines Commissair-Médiateurs und nach einer viel widersprochenen Volksabstimmung in Avignon und Venaissin in ihr geseztes Gegentheil um, so dass Mitte September 1791 zur vollständigen Annexion jener Gebiete geschritten wurde [11]. Die hiefür entscheidenden Gründe waren mit jenen inhaltlich übereinstimmend, welche in der Assemblée-Sitzung vom 30. April 1791 im Berichte Jacques Menou's Ausdruck fanden, und worin dieser die historischen und politischen Motive, welche für die Annexion und ihre Rechtsmässigkeit sprechen, in der Beantwortung von fünfzehn Fragen vorbringt.

Wir werden jene darunter in Erörterung ziehen, welche auf die Gestaltung und theoretische Fixirung des Plebiscitgedankens von direktem oder mittelbarem Einflusse erscheinen. Als solche geht die sechste Frage in aller Entschiedenheit auf

10) S. *Journal des États Généraux.* Tome VI u. fg.

11) Der vom Grund aus debellatorische Charakter des ganzen Unternehmens geht am Klarsten aus der Darstellung hervor, welche *Le Scene-Des Maisons, Commissair-médiateur entre les peubles d'Avignon et du Comtat Venaissin* in seinem Berichte vom 10. September 1791 der Nationalversammlung vorlegte. S. *Compte-rendu in Procès-verbal* T. LXX, p. 5—23.

ihr metaphysisches Ziel los mit den Worten: „*Si les Avignois et les Contadins sont libres et indépendans, n'ont il pas le droit de demander leur réunion à la France?*" — Die Antwort ergibt sich auf diese Wortstellung wie von selbst: — „*Il est évident qu'un peuble libre et indépendant ayant le droit de faire tout ce qu'il croit lui être le plus avantageux, peut continuer de former une société particulière, en adoptant telle forme de gouvernement qui lui plaît, ou se réunir à une autre société dont le gouvernement lui convient en jurant son pacte fédératif*" [12]).

In Beantwortung der XIII. Frage werden die entscheidenden politischen und strategischen Gründe dargelegt, welche die Reunion der Distrikte als unabwendbar erscheinen liessen; und endlich die XV. Frage behandelt den wichtigen Streitpunkt der numerischen Verhältnisse in den Abstimmungsergebnissen. Mit grossem Geschick werden hiebei Anschlusserklärungen der verschiedenen Bezirke Avignons den wenigen oppositionellen Manifestationen gegenüber gestellt, und in Ansehung des Comtats die freilich etwas zu luftige Argumentation gewagt, dass bei dem Umstande, als von den 98 Gemeinden desselben 59 ihre Zustimmung erklärt haben, — von den übrigen 38 Gemeinden jedoch eine gegentheilige Manifestation nicht erfolgte, so liege als erwiesen vor, dass der Wunsch der überwiegenden Bevölkerungsmehrheit im Comtat auf die Vereinigung mit Frankreich gerichtet sei. —

Wir mussten diesen beiden Annexionen umfangreichere Behandlung widmen, denn es treten uns hier zum ersten Male in scharfer Abgrenzung die wesentlichen Grundideen

12) S. *Procès-verbal de l'Assemblée Nationale Tome* LXX, Nr. 762 *Appendice.*

der Plebiscittheorie mit einer Vollständigkeit entgegen, die wir bei späteren gleichen Ereignissen der Revolutions-Epoche nicht mehr antreffen; sodann aber nöthigte hier noch die erste Scheu vor dem unbekannten Wesen der Einrichtung die Partheigänger dieser Anschauung zu einer umständlichen parlamentarischen Berathung der Frage, die wir bei weiteren Anlässen gleicher Art nahezu völlig vermissen. — Die Bedeutung, welche diesen Maassnahmen der grossen Revolution noch heute in der Literatur beigelegt wird[13]), und das Bestreben, dieselben im Lichtkreise freiheitlicher Reformbewegung erscheinen zu lassen, machen ein Zusammenfassen der von leitender Seite ausgesprochenen grundlegenden Ansichten nothwendig. Zunächst tritt uns als Hauptgedanke die Erklärung der jeder organisirten Gemeinschaft zustehenden freien Wahl der Staatsgemeinschaft entgegen. Es gilt der Nationalversammlung für ausgemacht, dass in jedem Augenblicke auch ausserhalb eines Krieges ein missvergnügter Bruchtheil beliebig und nach Willkühr sich von dem bisherigen Stáatsverbande lostrennen könne. Hier wurde denn mit jenem Muthe der Ueberzeugung, welcher den spätern Anhängern dieser Theorie abhanden gekommen ist, die nächste, den ernstlichen Bestand jeder Staatseinheit aufhebende unvermeidliche Consequenz des Plebiscitgedankens gezogen. — Zur Giltigkeit einer solchen Anschlussentscheidung sei der hinlänglich erkennbare Ausdruck des Willens der Mehrheit erforderlich und genügend. Eine bestimmte Form der Stimmgabe wird jedoch nicht aufgestellt; ebensowenig wie Grundsätze zum Schutze der Minoritäten. Und hierin liegt offen-

---

13) S. Funck-Brentano et Albert Sorel. *Précis du droit des gens.* Paris 1877. p. 157 u. ff. —
Calvo. *Droit international*, Paris 1870, §. 181.

bar, abgesehen von allem historischen Unrechte der Reunionen — der grosse Rückschritt, welcher die Ereignisse dieser Epoche kennzeichnet. Wenn es noch neuer Waffen aus der historischen Rüstkammer bedürfte, um die kritiklose Glorificirung aller Bewegungszüge dieser Zeit zu bekämpfen, so liessen sich dieselben in überreicher Zahl aus dem Capitel der Annexionen schmieden. Es ist nach Durchsicht des Geschichtsmaterials durchaus unzulässig, der französischen Revolution ferner ein Verdienst aus Vorgängen zu münzen, welche mit ihren eigenen Rechtsanschauungen über Freiheit und Gleichheit in grellem Widerspruche standen. In keinem der Reunions-Edikte ist denjenigen Einwohnern, welche sich dem Anschlussprojekte gegenüber ablehnend verhielten, die Möglichkeit gegeben, ihre frühere Staatsangehörigkeit zu bewahren, so, dass der in mehr oder minder unterschriftsreichen Petitionen ausgesprochene Beschluss zweifelhafter Majoritäten zugleich auch über das Staatsbürgerthum der Widerstrebenden entschied. — Darin lag eine Minderung des Gedankens persönlicher Selbstbestimmungsfreiheit, welche in den Verträgen der vorhergehenden monarchischen Periode, wie wir gesehen, umfassende Anerkennung gefunden hatte [14]).

---

14) Diese Rücksichtnahme zeigt sich, wenn auch beschränkt, selbst anlässlich der letzten Theilung Polens, wobei von allen drei Höfen der Ausschluss der sogenannten *sujets mixtes* verabredet worden war. Im Art. XI der Convention vom 15/26 Jänner 1797 (Martens. l. c. T. VI, S. 180 fg.) wurde jedem Bewohner der getheilten Gebiete die Wahl eines Unterthansverhältnisses zur Pflicht gemacht und ihm zur Realisirung seines im fremd gewordenen Gebiete liegenden Vermögens ein Zeitraum von fünf Jahren bewilligt. — Diese Erklärungsfrist verengert sich im Art. 9 des Friedensvertrages von Campoformio zwischen Oesterreich und Frankreich vom 17. Oktober 1797 auf drei Monate und der für die Zwangsrealisirung bestimmte Zeitraum auf drei Jahre. S. zu

Die Controle der parlamentarischen Erörterung geht in den späteren Reunionsfällen der französischen Regierung fast gänzlich verloren. Auf Grund einer Petition überreicht von 5 Nationalen wird Savoyen am 27. November 1792 als 83. Departement (Mont-Blanc) Frankreich einverleibt[15]. — In Nizza entwickelte sich eine energische Opposition gegen das Anschlussprojekt. Dieser tritt die Assemblée in dem Decret vom 18. November 1792, welches sie über die vorgebrachten Beschwerden der Deputirten Nizza's erliess, durch die Entsendung von Commissären entgegen. v. MARTENS (T. V. S. 167) fügt diesem Aktenstücke die charakteristische Bemerkung bei: „*Les mesures prises à la suite de ce décret ayant prodigieusement accéléré ce qu'on appellait „„l'émission libre du voeu du peuble"" — la convention Nationale prononça la réunion de Nice par le décret en date du 31. janvier 1793*". — Am 4. Februar 1793 wurde Nizza ohne weiteres als 85. Departement (Alpes-maritimes) der Republik einverleibt und die Zollgrenze vorgeschoben, ohne dass in Ansehung der neuerworbenen Bevölkerung und ihrer Rechte schützende Maassregeln erfolgten. Ebenso wurde auf Grund einer Adresse unterm 30. März 1793[16]) Mainz und Worms nebst einundachtzig deutschen Gemeinden zu Bestandtheilen des französischen Staatsgebietes erklärt.

Zahlreiche Reunionen belgischer Gebietstheile: Brüssel,

---

diesem Artikel auch KOCH-SCHOELL, *Histoire abrégée des Traités de paix* (T. V, p. 52) über das Vorgehen des französischen Directoriums gegen die Emigranten aus Belgien. –

15) *Décret de la Convention nationale portant réunion de la Savoye du 27. novembre 1792. Journal des débats et décrets.* T. II, p. 439, Nr. 70. — MARTENS. l. c. T. V, p. 163 fg.

16) S. DUVERGIER. *Coll. complète des lois et décrets* 1825. T. V, p. 286 fg.

Hennegau, Lüttich, Gent, etc. erfolgen anfangs März desselben Jahres, ohne dass hiebei ernstlich zu einer Darlegung oder Prüfung der eingesendeten Zustimmungsadressen und Petitionen geschritten worden wäre. Eine grosse Zahl von Reunionsbeschlüssen wurde gar nicht in Decreten formulirt, sondern blieb technisch unausgeführt. Der Ernst solcher Beschlüsse ging bei der im Nationalconvent allmälig zunehmenden superlativen Tonart der Begeisterung immer mehr verloren, und verflüchtigte sich endlich zu allgemeinen Verbrüderungsmanifestationen in der herrschenden Sinnesrichtung eines uferlosen Weltbürgerthums[17]). —

Eine neue Epoche von Annexionen umfasst die Jahre von 1798—1805, und zeichnet sich wenigstens anfangs durch eine billige Anwendung jener rechtlichen Rücksichtnahme aus, welche dem einzelnen Bewohner annectirter Landstriche die Befugniss belässt, während einer längeren Frist sich zu entscheiden, ob er auswandernd seinem bisherigen Staatsverbande in Treue anhängen, oder an seinem Wohnsitze verbleibend dem Gebietsübergange für seine Person sich unterwerfen wolle. — In dem Vertrage vom 28. Jänner 1798, womit die französische Republik dem Wunsche der Bewohner Mühlhausens Folge leistend, diese Stadt und die Gemeinden Ilzach und Modenheim zu französischem Gebiet, deren Bewohner zu „*français nés*“ erklärt, wird zum ersten Male durch Bestimmung einer Emigrationsfrist von einem Jahre und einer Realisirungsfrist von drei Jahren den Rechten derjenigen Rechnung getragen, die sich der

17) „*La convention nationale décrète à l'unanimité la réunion de la ville de Gand au territoire de la République française, et charge son président de donner aux députés, au nom du peuble français le baiser d'union et de fraternité.*“ — S. DUVERGIER. l. c. S. 224.

neuen Staatsgewalt nicht unterwerfen wollten. Beinahe wörtlich stimmt damit der Vertrag vom 26. April 1798 überein, welcher die Vereinigung Genf's mit der französischen Republik aussprach. — Bald gehen jedoch diese gemässigten Anschauungen wieder verloren, und namentlich das Consulat entfernt sich von denselben völlig in den endlosen Zerstückelungen und Constructionen von Staatsgebieten zu deren Schauplatz Europa gemacht wurde. Piemont, Elba, Parma, Piacenza, Guastalla, etc. werden ohne Rücksicht auf das Nationalgefühl der Bevölkerungen Frankreich einverleibt, — und selbst die grossen Friedensschlüsse von Pressburg (1805) und von Tilsit (1807), welche sowie die Rheinbundacte, dieses Denkmal deutscher Schmach, umfangreiche national einschneidende Gebietsveränderungen zum Inhalte hatten, trafen keinerlei Bestimmung über Auswanderung oder Option, und enthielten kein Mittel zum Schutze der persönlichen Vaterlandstreue [18]).

Was hätten auch derlei Normen zu bedeuten gehabt neben einem anscheinend siegreichen Bestreben, dessen Endziel in der gänzlichen Auflösung aller staatlichen Mannigfaltigkeit liegen sollte. Dem Vertragsmaterial der napoleonischen Epoche ist denn auch mit geringen Ausnahmen der Gedanke der freien Staatswahl durchaus fremd; er findet sogar maasslose Bekämpfung in den Staatsgesetzen, welche der Kaiser wiederholt erliess, um Emigranten aus eroberten Ländern die Naturalisation in fremden Staaten unmöglich zu machen oder doch wesentlich zu erschweren. S. *Décret Impérial relatif aux français qui auront porté les armes contre la France, et aux français*

---

18) In Ansehung der im Texte citirten Verträge s. MARTENS. l. c. T. VII, p. 657—685. VIII, p. 407 u. fg. MONITEUR, an X. Nr. 334 und 360. GEBHARD. Recueil. T. IV, p. 264 fg.

qui rappelés de l'étranger ne rentreront pas en France du 6. Avril 1809 (Bullet. des Lois T. X, Nr. 232).

Im Sinne dieses mit rückwirkender Kraft ausgestatteten Gesetzes wird Jeder im Auslande naturalisirte Franzose mit Todesstrafe bedroht, der in der Armee seines Aufnahmestaates die Waffen trug zur Zeit, da dieser gegen Frankreich Krieg führte; ebenso trifft harte Strafe, bürgerlicher Tod und Vermögensconfiscation die in sonstigen Diensten ihres Aufnahmestaates stehenden ausgewanderter Franzosen. Nach Inhalt dieses ungeheuerlichen Gesetzes war somit ein seit Jahren aus seiner Heimat ausgewanderter, in Oesterreich naturalisirter Holländer wegen Felonie der Todesstrafe verfallen, wenn er in den Reihen des österreichischen Heeres stand, als dieses gegen Napoleon zog; denn seine Heimat war durch das Decret vom 9. Juli 1810 mit dem französischen Kaiserreiche vereinigt, was für ihn von selbst den Eintritt der „*Qualité de Français*“ zur unmittelbaren Folge hatte. —

3. Das völkerrechtswidrige Dekret vom 6. April 1809, welches auch die letzten Spuren des persönlichen Selbstbestimmungsrechtes aufheben sollte, fand einigermassen Remedur in den grossen territorialen Veränderungen, welche nach dem Sturze des napoleonischen Reiches in den Friedensverträgen vom 30. Mai 1814 und im Grenzregulirungsvertrage vom 20. November 1815 ihren definitiven Ausdruck fanden. Namentlich aber sollte das französische Gesetz vom 14. Oktober 1814 dem internationalen Chaos ein Ende machen, welches in der Frage der Staatsbürgerschaft in den Frankreich einverleibt gewesenen Staaten sich fühlbar machte. Es theilte zu dem

Zwecke die Angehörigen der von Frankreich wieder abgetrennten Provinzen in drei Kategorien und unterscheidet, erstens: Solche, welche sich seit 10 Jahren vom Zeitpunkte ihrer Volljährigkeit ab in Frankreich, d. h. in dem Ludwig dem XVIII. belassenen Frankreich dauernd aufhielten; zweitens: Personen, deren Aufenthalt sich auf einen kürzeren Zeitraum erstreckte, und endlich solche, welche ihren dauernden Wohnsitz in den abgetretenen Provinzen genommen hatten. Die Ersteren konnten ihre französische Staatsbürgerschaft durch eine binnen drei Monaten abgegebene Erklärung aufrechthalten; sie erhielten zu diesem Behufe sogenannte *Lettres de déclaration de naturalité.* Die Zweiten konnten solche Naturalisations-Erklärungen nach einem in Frankreich fortgesetzten Aufenthalte von zehn Jahren erlangen; die der letzten Kategorie Angehörenden endlich mussten ihr Domicil in Frankreich nehmen, um sodann im Sinne der Naturalisations-Vorschriften der Constitution vom Jahre VIII nach zehn Jahren die französische Staatsbürgerschaft zu reclamiren. Im Wege dieses Gesetzes gelangte somit wieder die in der französischen Rechtsliteratur herrschende Ansicht zur Geltung, nach welcher die Vereinigung eines Gebietes mit Frankreich ipso facto die Eigenschaft eines französischen Staatsbürgers für alle jene zur Folge habe, die zur Zeit der Annexion auf jenem Gebiete ihren dauernden Wohnsitz hatten; welche aber auch Alle jene Personen, die nur vermöge einer solchen Einverleibung des von ihnen bewohnten Territoriums zu Franzosen wurden — für Fremde erkennt, sobald das Bindemoment der Annexion durch nachträgliche Abtrennung wieder in Wegfall gekommen ist.[19]) —

19) S. POTHIER. *Des personnes* P. I, tit. II; FOELIX. *Revue de dr. fr. et étr.* 1845. II, p. 327. ss. — „*La réunion d'un pays*

Im übrigen Europa hatte der Gedanke der freien Staatswahl inzwischen weitere Anerkennung und Anwendung gefunden. — So im Kieler Frieden vom 14. Januar 1814, welcher die Cession Norwegens an Schweden, gegen des Letztern Verzicht auf Schwedisch-Pommern und der Insel Rügen zu Gunsten Dänemarks ausspricht. Im Art. XX wird den beiderseitigen Unterthanen eine Frist von 6 Jahren zur Auswanderung und zur nothwendigen Vermögens-Realisirung eingeräumt. — Ebenso in der Convention vom 3. Juni 1814 zwischen Oesterreich und Bayern über die Cession von Tirol, Vorarlberg, Salzburg u. s. w. Ein besonderer Punkt, Art. XII, normirt hier die gegenseitige Auslieferung der in den cedirten Ländern zuständigen Militärpersonen, denen es jedoch auch frei stand in bisherigen Diensten zu verbleiben.

Der grosse Grenzregulirungsvertrag vom 20. November 1815, welcher den vieljährigen Gebietsschwankungen der europäischen Staaten in der vorhergegangenen Periode ein Ende setzen sollte, gab der Optionsidee bestimmte Formulirung. Er stellt das Recht der freien Auswanderung innerhalb des reichlichen Zeitspielraumes von sechs Jahren für den Fall einer im Herrschafts-Verhältnisse eines Gebietes eingetretenen Veränderung als bedingungslose Rechtsüberzeugung der Pentarchie in Europa auf. Art. VII:

à la France confère ipso facto la qualité de français à ceux des anciens sujets de l'État du quel a été détaché le territoire annexé, qui se trouvaient domiciliés dans ce territoire au moment de son annexion; . . . . les personnes qui ne sont devenues françaises que par l'incorporation de leur pays à la France redeviennent ipso facto étrangères, lors qu'il en est de nouveau démembré". — AUBRY ET RAU. *Cours de droit civil franç.* 1869. I., p. 258. S. auch SERRIGNY, *Traité du droit public des français. Paris, 1846.* S. 164.

„*Libre émigration*". *Dans tous les pays qui changeront de maître, tant en vertu du présent traité que des arrangements qui doivent être faits en conséquence, il sera accordé aux habitants naturels ou étrangers, de quelque condition et nation qu'ils soient, un espace de six ans à compter de l'échange des ratifications, pour disposer, s'ils le jugent convenable, de leurs propriétés, et se retirer dans les pays qu'il leur plaira de choisir*" [20]).

Der darin liegende Fortschritt hebt sich somit scharf ab von der Wiener Schlussacte vom 9. Juni 1815, welche trotz ihrer die europäischen Staatsgrenzen regulirenden, eingreifenden Bestimmungen das Recht der Option nur auf den vom Königreiche Sachsen abgetrennten Gebieten in Anwendung kommen liess (Art. XX). Ueberhaupt gab die sächsische Frage, d. h. das Verhalten der in Wien versammelten Cabinete zu dem Plane Preussens: das ganze Königreich Sachsen sich einzuverleiben und damit unmittelbar seine Grenzen bis an die Oesterreichs zu verlegen, zu Berathungen Anlass, welche den Gedanken der Option als Stütze des Legitimitätsprincipes erscheinen liessen [21]). Die Erörterung dieses Annexionsplanes, welcher das Sein eines ganzen Staates, die Selbständigkeit einer nationalen Einheit begriff, gehörte zu den schwierigsten der dem Wiener Congresse vorgelegenen Probleme. Die betreffenden diplomatischen

20) S. Martens. *Nouv. Recueil.* T. II, S. 663 fg. Die hier aufgestellte Latitude von sechs Jahren übersteigt offensichtlich das regelmässige Maass des Bedürfnisses und verschiebt dadurch unnöthiger Weise den Zeitpunkt der Definitivgestaltung der Bevölkerungsverhältnisse. S. oben über Technik der Option.

21) S. Brockhaus. Das Legitimitätsprincip. S. 45 fg.

Verhandlungen drehten sich fast ausschliesslich um Gesichtspunkte der Opportunität, bei welchen Englands rückhaltslose Zustimmung durch Oesterreichs ablehnende Haltung paralysirt wurde. — Frankreich, welches trotz seiner ausdrücklichen Zusage, sich in die Vertheilung der, der Disposition der Sieger unterstehenden Länder gar nicht einzumischen, dennoch des Königs von Sachsen Parthei ergriffen hatte, gab seinem Gegensatze zur Geltendmachung der preussischen Eroberung beredten Ausdruck in dem Schreiben des Bevollmächtigten Fürsten von Talleyrand an den kaiserlich-österreichischen Bevollmächtigten *de dato* Wien, 19. December 1814, in welchem Preussens Plan von dem Gesichtspunkte des Legitimitätsprincipes und des europäischen Gleichgewichtes eingehender Kritik unterzogen wurde. Um diese Annexion gerechtfertigt finden zu können, schreibt Talleyrand, müsste man annehmen: dass Könige gerichtet werden könnten, zudem von Jenen, die sich ihrer Länder bemächtigen wollen; dass das Schicksal ganzer Völker durch das Loos ihres Fürsten bestimmt werde; dass Staaten wie Privatgut der Confiscation anheimfallen und „.... *que les peuples n'ont aucuns droits distincts de ceux de leurs souverains et peuvent être assimilés au bétail d'une métairie*“ [22]). Dennoch haben nicht diese in ihrer doctrinären Allgemeinheit wenig überzeugenden Gründe das Königreich Sachsen von dem völligen Untergange errettet, — sondern die in der Note des Fürsten von Metternich (28. Jänner 1815) angeführten dynastisch-politischen Rück-

22) Klüber. Akten des Wiener Congresses. Bd. 7, S. 48. — Seither haben die Kraftausdrücke „*bétail, troupeau*“ etc. zur Vertheidigung des Plebiscitgedankens bei Liebhabern stylistischer Plastik die Bedeutung ernstgemeinter Argumente gewonnen.

sichten, welche auf die Entscheidung der Congressmächte bestimmend einwirkten [23]).

Auch das übrige Vertragsmaterial dieser Periode bietet nach mehrfacher Richtung Ansätze einer höheren völkerrechtlichen Anschauung. Besonders muss des Grenzvertrages vom 3. Mai 1815, abgeschlossen zwischen Oesterreich und Russland erwähnt werden, welcher zum ersten Male mit grosser Sorgfalt jenen Kreis wichtiger Fragen, die sich als Folgen jeder Gebietswandlung einstellen, zu regeln bemüht ist. Derselbe bestimmt (Art. 11—13) eine einjährige Frist zur Abgabe der Optionserklärung, welche im Unterlassungsfalle durch die Thatsache des dauernden Wohnsitzes supplirt wird *(déclaration tacite)*; ein Realisirungszwang der im fremden Gebiete liegenden Güter findet hiebei nicht statt. Eigenartig ist die Bestimmung des Art. 14, welcher auch nach erfolgter Option jedem *propriétaire mixte* das Recht einräumt, innerhalb eines Zeitraumes von acht Jahren nach der Vertragsratification unter Abgabe einer neuen Optionserklärung in den anderen Staat überzutreten, resp. zurückzukehren. Die Sorgfalt in der Abfassung dieses Vertrages zeigt sich auch in der Berücksichtigung des Optionsrechtes Minderjähriger und anderer Personen, welche unter Tutel und Curatel stehen. Die Optionserklärung des Vaters bestimmt nach Inhalt derselben schon an sich das Unterthansverhältniss seiner minderjährigen Kinder, während in Ansehung anderer Pflegebefohlenen Tutoren und Curatoren zur Abgabe der erforderlichen Erklärungen verpflichtet werden [24]). Wir werden in der Folge wiederholt Gelegenheit

23) S. Klüber S. 83 und über die gleichfalls fallen gelassene Absicht Elsass-Lothringen Frankreich abzunehmen: „*Le Congrès de Vienne et les Traités de 1815*". *Paris. Amyot 1863. Bibl. des archives diplomatiques.*

24) S. v. Martens. *Nouv. Rec.* T. 11, S. 401 fg.

haben, auf die Bestimmungen dieses österreichisch-russischen Vertrages zu verweisen, welcher bei mehrfachen Cessionsanlässen den staatlichen Abmachungen zur Text-Basis diente.

Inhaltlich tiefer stehen die zwischen Preussen und Sachsen unterm 18. Mai 1815 abgeschlossenen Grenz-Conventionen, welche sogar ausdrücklich allen in Militärdiensten stehenden Personen bis zum Officiersrange das Recht der freien Option im Falle der Cession ihres Heimatsgebietes entziehen. Die letztere Convention zeigt jedoch im Art. XII genaue Bestimmungen über die gegenseitige Auslieferung von Gefangenen, Zucht- und Zwangshäuslern, Irrsinnigen und Kranken, welche nach Maassgabe ihrer Geburtsorte von den Contrahenten gegenseitig ausgeliefert wurden. Andere Verträge dieser Epoche enthalten zumeist mit dem Grenzregulirungsvertrage vom 20. November 1815 gleichlautende Bestimmungen, oder sie berühren die von uns erörterte Frage nicht mit ausdrücklichen Verfügungen. Letzteres ist beispielsweise der Fall im Grenzvertrage zwischen Preussen und Sachsen-Weimar, in den auf die Republik Krakau und Gebiet bezugnehmenden Aktenstücken, und in der Declaration der Mächte, betreffend die helvetische Conföderation [25]).

Fassen wir die Ergebnisse des Wiener Congresses als autoritäre Formulirung der völkerrechtlichen Anschauung jener Hauptmächte auf, welche als Pentarchie sich eine Art internationaler Legislative in Europa arrogirten, so gelangen

---

25) S. diese Schriftstücke in MARTENS' *Nouveau Recueil. T. II, Göttingue 1818;* und eine bequeme übersichtliche Zusammenstellung des wichtigsten mit der Schlussacte zusammenhängenden diplomatischen Materials bei: WHEATON *Eléments du droit international. 4e ed. Appendice.*

wir zur Erkenntniss wesentlicher Fortschritte, die der Optionsgedanke in seiner Wirkung auf das Völkerrechtsleben gemacht hat. Die technische Seite desselben zeigt eine Entwicklung, welche die Auswanderungsabsicht nicht aus der Thatsache des Abzuges allein erkennen lässt. Zum einfachen Domicilswechsel tritt die ausdrückliche oder stillschweigende Willenserklärung hinzu, Mitglied eines bestimmten Staates werden resp. bleiben zu wollen. Die zwangsweise Realisirung des unbeweglichen Vermögens — in der älteren Epoche das wirksamste Mittel Optionsbefugnisse oft gänzlich zu eludiren — hat durch ein zureichendes Maass der Verkaufsfrist neben der Umsatzkraft des gesteigerten Verkehrs viel von ihrer ursprünglichen Härte verloren. Häufig wird zudem eine Verpflichtung zur Versilberung des liegenden Gutes als Emigrationsfolge überhaupt nicht aufgestellt; Art. VII des Grenzregulirungsvertrages vom 20. November 1815 bezeichnet diesen Zustand sogar als wünschenswerthe Regel für spätere Verträge. — Immer unter Festhaltung des Gedankens der unbedingten Auswanderung im Falle einer zu Gunsten des fremden Staates abgegebenen Optionserklärung, wird der Kreis von Fragen erweitert, welche als Folgen jeder Gebietswandlung eintreten, und durch Aufstellung ausgreifender Grundsätze jenen Unbestimmtheiten begegnet, die stets mit territorialen Veränderungen verbunden sind. So sehen wir in den gesetzlichen Verfügungen über den zollfreien Eingang von Waarenvorräthen Optirender, in den Bestimmungen über Optionsbefugnisse Minderjähriger und Pflegebefohlener, eine zunehmend sorgfältigere Regelung von Rechtsverhältnissen, welche in der früheren Periode völlig unberücksichtigt blieben. —

Noch zeigen jedoch die Verträge trotz des aufsteigenden Constitutionalismus keine nachdrückliche Betonung des Staatsbürgercharakters im optirenden Individuum, oder seiner nationalen Eigenart, — eine Entwicklung, welche erst am Schlusse der längeren dem Wiener Congresse gefolgten Friedensepoche hervortritt. Der griechische Freiheitskampf gegen die Türkei, das erste Aufflackern des nationalen Gedankens in seiner aggressiven Richtung, konnte der geringen politischen und culturellen Stufe der Kriegführenden wegen hiezu nicht den geeigneten Anlass bieten. Das von den Mediationsmächten zur Beilegung der griechischen Wirren (1827) gewählte Mittel, um eine vollständige Trennung der Griechen und Türken zu erlangen — die Expropriation der letzteren aus ihrem liegenden Besitz (Art. II: *Traité pour la pacification de la Grèce entre la Grande-Bretagne, la France et la Russie, signé à Londres le 6 juillet 1827)* [26]) — war zudem eine dem Begriffe der persönlichen Staatstreue feindliche Maassregel und nur unter Voraussetzung unentwickelter Verkehrsverhältnisse überhaupt denkbar.

Erst die Auflösung des Königreichs der Niederlande liess den Begriff der Nationalität in aller Schärfe auf der Bildfläche erscheinen. Mühsam hatte die heilige Allianz fünfzehn Jahre hindurch den auf dem Wiener Congress geschaffenen Zustand aufrecht erhalten, um ihn in den Stürmen der Pariser Julirevolution plötzlich untergehen zu sehen. Zuerst fand Frankreichs Beispiel Nachahmung in

26) S. Martens-Saalfeld. Bd. XI, S. 282 u. 465 fg. Art. II: „*Afin d'établir une séparation complète entre les individus des deux nations et pour empêcher les collisions inévitables, les Grecs entreront en possession des propriétés situées sur le continent ou dans les îles de la Grèce, sous la condition d'indemniser les propriétaires actuels*“ . .

dem benachbarten sprachverwandten Belgien, das ohne Rücksicht auf die Verschiedenheit der Nationalität, der Religion, der Sprache und wirthschaftlichen Interessen 1815 mit den holländischen Provinzen zu einem Staatsganzen vereinigt worden war. Das System des Wiener Congresses war auf einem seiner wichtigsten Punkte zusammengebrochen, da die Schutzmauer gegen Frankreich, — die wesentlichste Basis des vermeinten Gleichgewichtes — zerfiel, und die Erfahrungen der letzten Jahre hinreichend bewiesen hatten, dass es unmöglich sei, sie in der früheren Weise durch die Vereinigung der nördlichen und südlichen Niederlande zu einem Staate wieder herzustellen. Die Ueberzeugung, welche die Mächte gewonnen hatten, dass wirkliche und wesentliche politisch-nationale Gegensätze zwischen beiden Ländern bestehen, die nothwendig jede engere Verschmelzung derselben zu einem Staate verhindern, ist eine der Hauptursachen gewesen, warum die Brüsseler September-Ereignisse so schnell von der Londoner Conferenz als fertige Thatsachen völkerrechtliche Anerkennung erlangt hatten. —

Der Londoner Vertrag, abgeschlossen zwischen den Vertretern der Pentarchie einer- und Belgien anderseits, vom 15. November 1831, konnte sich neben der Festhaltung der strengen nationalen Scheidung Belgiens von Holland in den näheren Auseinandersetzungen auf dem Standpunkte weitestgehender Concessionen erhalten. Das enge Netz persönlicher und wirthschaftlicher Beziehungen, welche auch nach Auflösung des Gesammtstaates dauernden Schutz verlangten, fand in der Artikelreihe XVIII—XXI des obigen Vertrages volle Berücksichtigung. Zur Vornahme der Option und Ausführung der Güter — ohne dass jedoch ein Realisirungszwang fixirt worden wäre — wurde ein Zeitraum von zwei Jahren bestimmt, und das Institut der *sujets mixtes* in beiden Ländergebieten anerkannt. Art. XX bestimmt, dass alle Dispositionen der Art. XI—XXI des zwischen Oesterreich und Russland, am 3. Mai 1815 abgeschlossenen Vertrages, welcher einen integrirenden Bestandtheil der allgemeinen Wiener Congressacte bildet, inhaltlich in diesen Vertrag aufgenommen zu erachten seien. Demgemäss hatten alle die Domicilswahl, die Rechts- und Besitzesverhältnisse der in beiden Ländern Begüterten betreffenden Vorschriften des oben skizzirten österreichisch-russischen Vertrages auch für die durch die Abtrennung in Belgien, Holland und Luxemburg geschaffenen Zustände, und für den verwickelten Besitzstand im Grenzverkehr Anwendung gefunden. Der holländisch-belgische Vertrag *de dato* London, 19. April 1839, die nothwendige Complementär-Abmachung zum *Traité pour la séparation définitive de la Belgique d'avec la Hollande signé à Londres le 15. novembre 1831,* — enthält in den Artikeln XVII bis XIX in wörtlicher Wiederholung dieselben Normen über Option und Staatsbürgerfragen, welche der letztcitirte Londoner Vertrag vom 15. November 1831 festsetzt[27]).

Das nächste Ereigniss im Staatenleben Europas, welches in die Peripherie unserer Erörterungen fällt, betrifft die Auflösung der Republik Krakau und Incorporirung dieser Stadt in die österreichische Monarchie (1846—1847). Das diplomatische Material bietet jedoch keinerlei zur Untersuchung geeignete Seite, da bei gänzlicher Aufhebung eines Staatsganzen, bei der *Debellatio* im e. S. für die Bewohnerschaft des aufgelösten Staates die Voraussetzungen des im Optionsgedanken liegenden staatstreuen Wahlrechts fehlen und daher jede Möglichkeit einer Selbstbestimmung

---

27) S. Martens-Saalfeld. *Nouveau Recueil.* T. X, p. 61—295 und T. XI, p. 209—410. T. XVI. *seconde partie p. 773 sqs.*

der Staatszugehörigkeit auf einem anderen Wege, als dem der einfachen und bedingungslosen Auswanderung oder völligen Unterwerfung entfällt [28]).

Die mannigfachen Gebietsveränderungen, welche sich in den Vierziger Jahren in Italien vollzogen, Modena, Lucca, Parma betreffend, liessen das Recht der freien Staatswahl völlig unberücksichtigt, und auch der revolutionären Bewegung von 1848—1849 ist in ihren ausgreifenden Verfügungen über die Vereinigung der lombardisch-venezianischen Königreiche mit Sardinien etc. der Gedanke an den rechtlichen Schutz der jenen Annexionen widerstrebenden Bevölkerung durchaus fremd geblieben [29]). Das Gleiche gilt von dem Berliner Vertrage vom 7. December 1849, womit die Fürstenthümer Hohenzollern-Hechingen und Hohenzollern-Sigmaringen im Königreiche Preussen aufgingen [30]). Die eigentliche völkerrechtliche Bedeutung des Pariser Vertrages vom 30. März 1856, des letzten aus dieser Epoche, ist nicht in den kleinen Gebietsveränderungen gelegen, welche er zur unmittelbaren Folge hatte, er beschränkte sich daher in ziemlich allgemeinen Ausdrücken (Art. XXI) darauf, den Bewohnern der cedirten Gebietstheile — Bessarabien — Schutz ihres Eigenthums und eine dreijährige Emigrationsfrist zuzusichern. —

---

28) S. Martens-Murhard. *Rec. Général. T. IX, p. 374 sqs.* und *T. X, p. 3—149.* S. über diesen Punkt sub 8 dieses Abschn.

29) S. Convention vom 13. Juni 1848 zwischen Sardinien und der provisorischen Regierung in der Lombardei betreffend die Vereinigung der Letzteren mit Sardinien; Decret der provisorischen Regierung in Venedig vom 6. August 1848, womit das sardinische Gesetz vom 27. Juli 1848, betreffend die Vereinigung Venedigs mit Sardinien, publicirt wird. Martens-Samwer. T. XIV, p. 164 fg.

30) Martens-Samwer, *l. c. T. XV, p. 59—67.*

4. Die freiheitliche Bewegung der Revolutionsjahre 1848—1849 fand sich in dem folgenden Jahrzehnt rückläufiger Tendenz auf die Pflege des nationalen Gedankens allein eingeengt. Man mag das Nationalitätenprincip in extremer Anlehnung an Mancini und seine Anhänger als den erhabensten Leitgedanken für das gewaltige Problem der Völkergruppirung, — oder mit Franz Lieber und Ernest Renan[31]) als den verwerflichen Vorwand zu aggressiver Staatspolitik betrachten, unter beiden Gesichtspunkten muss erkannt werden, dass es bei seinem Aufsteigen erfolgreich zur Abklärung der im Begriffe der staatsbürgerlichen Freiheit liegenden Momente und zur Bestimmung des Verhältnisses beitrug, in welchem der Einzelne zur Culturaufgabe des Staates steht. Die darin liegende agitatorische Kraft liess jedoch übersehen, dass der Gedanke der Nationalität über die engen Grenzen seiner Zulässigkeit hinausgesponnen, bald auf Abwegen zu einer teleologischen Staatsanschauung primitiver Art führt, wobei der Zweck in der Natur die konkrete Form des „Zweckes der Nation" gewinnt. Bei mechanischer Auffassung einer solchen unterscheidenden Bestimmung der einzelnen Völker muss aber gerade jener Inhalt des europäischen Staatenlebens schwinden, welcher dessen Culturkraft ausmacht: die unablässige Auflösung und Verschmelzung nationaler Unterschiede zu höheren staatlichen Einheiten. Wer nicht daraus den Kraftüberschuss unseres kleinen Welttheils ableitet, gelangt zu dem Widerspruche, in dem ertödtenden nationalen Einerlei der Riesenstaaten Asiens

---

31) *La France et l'Allemagne. Revue des deux Mondes. 1870, p. 264.* S. auch hierüber Caro. *L'idée de la patrie ses defaillances et son réveil* das. 1871, p. 243 fg.

die glückliche Lösung des Problems nationaler Staatenbildung zu erblicken.

Der 1830 in Belgien-Holland begonnene Prozess setzte sich in dem staatlich zerklüfteten Italien fort. Der österreich-französische Krieg in Italien fällt in eine relativ frühe Geltungsperiode jener Gedankenrichtung; der Vertrag vom 10. November 1859, womit er seinen Abschluss fand, steht darum als ehrendes Denkmal des wohlthätigen Einflusses, den die gemässigte Anerkennung nationaler Verschiedenheit auf das Rechtsleben der Völker nimmt und nehmen soll. Weder zuvor, noch nachher begegnen wir einer Abmachung zwischen freien Staaten, welche mit gleicher Partheilosigkeit und Abklärung der Grundideen jenen Fragenkreis in Besprechung zieht, der mit dem Wechsel der Staatsbürgerschaft für die Bevölkerung einer weiten Provinz verbunden ist. Viel wirkte dabei wohl auch der Umstand mit, dass das lombardisch-venezianische Königreich durch die nationale Homogenität der Bevölkerung sich scharf von den übrigen Provinzen Oesterreichs abhob, so dass die staatsrechtlich lose Stellung desselben zur Monarchie auch in der ungemein präcisen Loslösungsform zum Ausdrucke gelangte.

Der Züricher Vertrag [32]) enthält zuerst ein förmlich gegliedertes System von Bestimmungen zur Technik der Option. Die contrahirenden Theile stellen sich darin förmlich ausserhalb des persönlichen Interessenkreises und zeichnen nur in grossen Zügen die Grenzen vor, innerhalb deren sich die Populationsverschiebung, gleichsam einem inneren Gesetze gehorchend, abspielen soll. Nicht bei vielen Verträgen tritt eine gleich rückhaltslose Annahme des für nothwendig Erkannten aus den Bestimmungen zu Tage: —

---

32) S. Neumann. *Recueil Nouv. Suite.* T. II, p. 261 fg.

Art. XII räumt allen lombardischen Unterthanen, die in den cedirten Gebietstheilen ihren dauernden Wohnsitz haben *(domiciliés)*, das Recht ein, auf Grund einer vorhergegangenen an die competente Behörde gerichteten Erklärung binnen Jahresfrist unbehindert und abgabenfrei unter Aufrechthaltung ihrer Eigenthumsrechte an liegenden Gütern, — in einer der übrigen Provinzen der österreichischen Monarchie sich niederzulassen, in welchem Falle ihnen das österreichische Staatsbürgerrecht gewahrt bleibt. Die gleichen Befugnisse wurden den nach der Lombardei zuständigen Personen *(originaires)* zu Theil, welche sich im Zeitpunkte des Vertragsabschlusses innerhalb des Kaiserthums aufhielten, während die Optionsfrist sich auf zwei Jahre in Ansehung jener erweiterte, welche sich ausserhalb der Monarchie befanden und von ihrem Wahlrechte Gebrauch machen wollten. Die nach den cedirten Theilen [33]) zuständigen activen Militärpersonen wurden unverweilt aus dem Heeresverbande entlassen, wenn dem nicht ihr ausdrücklicher Wunsch entgegenstand, in bisherigen Diensten zu verbleiben. Gleiches wurde auch in Ansehung der Civilbeamten bestimmt. (Art. 13). —

In den Züricher Conferenzen, welche dem Abschlusse des Friedensvertrages folgten, wurde das Recht der freien Staatswahl in einigen Punkten noch näher präcisirt. So stellt das 4. Protokoll vom 10. November 1859, um allen Irrthümern vorzubeugen, die Uebereinstimmung der contrahirenden Theile dahin fest, dass Militärpersonen, welche sich zur Zeit in Untersuchung oder Strafe befinden, nur nach erfolgter Freisprechung oder abgebüsster Strafe in die

33) Mantua und Peschiera verblieben bekanntlich noch bei Oesterreich.

optirte Heimat entlassen werden. Civilpersonen, welche nach der Lombardei zuständig, sich zur Zeit in einem Gefängnisse ausserhalb des cedirten Territoriums befanden, wurden ohne Gestattung einer Wahl unverzüglich dem neuen Gouvernement ausgeliefert[34]. —

Diesem in seinen Grundzügen durchaus klaren Vertrage, in welchem der Optionsgedanke bisher seinen entsprechendsten Ausdruck fand, — folgte eine krause Zeit nationaler Erregung, welche aus dem bezüglichen diplomatischen Materiale scharf reflectirt. Die Uebereinkunft von Villafranca, die in ihren wesentlichen Punkten durch den Frieden von Zürich ihre Bestätigung und ihren Abschluss fand, vernichtete den Einfluss Oesterreichs in der apenninischen Halbinsel und legte den Grund zu der staatlichen Einigung Italiens, indem das Kriegsunglück Oesterreichs auch den Sturz der italienischen Splitterregierungen herbeiführte. Schon im April 1859 war Grossherzog Leopold von Toscana durch einen allgemeinen Abfall von Heer und Beamten in die Nothwendigkeit versetzt worden, Florenz zu verlassen, worauf eine provisorische Regierung eingesetzt wurde. Nach der Schlacht von Magenta (4. Juni 1859) verliess auch die Herzogin Louise von Parma ihr Land; der Herzog von Modena suchte im österreichischen Lager jenseits des Mincio Schutz, und Bologna sagte sich von der päpstlichen Herrschaft los. Willkührlich gefügte Landesversammlungen beeilten sich in diesem Zeitpunkte völliger Anarchie die Absetzung der alten Dynastien und den Anschluss an Sardinien auszusprechen. In der Ro-

34) S. *Protocoles des conférences tenues à Zürich du 8. août au 21. novembre 1859, entre les Plénipotentiaires de l'Autriche, de la France et de la Sardaigne pour le rétablissement de la paix. N. Rec. Gen.* MARTENS-SAMWER. T. XVII, p. 3 fg.

m a g n a wurden die Schritte zur Vereinigung eingeleitet, und diese Union der mittelitalienischen Staaten mit Sardinien bildete den Anfang der zahlreichen Annexionen, welche den bisherigen Zustand der Halbinsel vollständig umgestalteten. Im März und Oktober 1860 erfolgten endlich die „allgemeinen" Volksabstimmungen, kraft deren Toscana, Parma, Modena, Neapel und die römischen Legationen sich für die Einverleibung in das Reich des Königs von Sardinien aussprachen [35].

Diese allgemeinen Abstimmungen werden mit wenig Grund in die Reihe der völkerrechtlichen oder sogenannten Annexions-Plebiscite gezählt. — In ihrem wahren Lichte besehen, stellen sie sich als Massregeln dar, bestimmt, allen rechtsfähigen Staatsgenossen einer aufständigen Bevölkerung T h e i l n a h m e z u s i c h e r n a n d e r w e s e n t l i c h e n A e n d e r u n g d e r f r ü h e r b e s t a n d e n e n u n d a n d e r G r ü n d u n g e i n e r n e u e n S t a a t s v e r f a s s u n g. Betrachten wir das Plebiscit mit seinen Anhängern als Ausdrucksmittel für die populare Billigung oder Verwerfung einer zwischen selbständigen Staaten im Zuge befindlichen Gebiets-Cession, so kann nur die Gleichheit der äusseren Erscheinungsform dazu veranlassen, die Abstimmungen in den italienischen Kleinstaaten als Annexions-Plebiscite zu bezeichnen. Wenn sich die Bevölkerungen national gleicher Staaten mit erfolgreicher Revolution in einer Ausdehnung erheben, welche militärische Besetzung und Repression thatsächlich ausschliesst; wenn solche Bevölkerungen im An-

---

35) Nach öffentlichen Angaben wurden in diesen Ländern u. A. folgende Stimmen abgegeben: in Neapel f ü r die Verbindung mit Sardinien 1,102,499 bejahende, 9,381 verneinende; in Modena 52,499 bejahende, 56 verneinende; in Parma 53,782 resp. 165; und in der Romagna 200,659 zustimmende, 244 opponirende Voten. S. MOHL, *l. c.*, S. 293 u. fg.

schlusse an die Armee des National-Staates, durch Vertreibung stammfremder Dynastien und feindlicher Regierungen dem Wunsche nach nationaler Einigung thatkräftigen Ausdruck verleihen, — dann bedarf es keiner nochmaligen Aeusserung des in der organisatorischen Revolution bereits bethätigten Volkswillens, und die numerische Constatirung der an Einstimmigkeit grenzenden Majoritäten kann als überflüssig füglich in Wegfall kommen[36]. — Denn auch in dem Falle — und hier zeigt sich abermals die ganze Verkehrtheit der Plebiscittheorie, — auch in dem Falle, dass angenommen in einem der oben genannten Zwergstaaten sich eine überwiegende locale Mehrheit der Bevölkerung gegen den Anschluss an Italien ausgesprochen hätte, — wäre hierin kein Rechtsgrund gelegen gewesen, das mächtige Einigungswerk Piemont's zu zerreissen. Keinem jener Stadt-Staaten konnte dem Lebensdrange eines ganzen Volkes gegenüber das Recht zustehen, die Rolle jenes „Steines" zu spielen „zwischen den Rändern einer Wunde" [37].

Darum ist es auch ganz irrelevant, ob bei diesen Abstimmungen, wie Mohl meint, Unfug aller Art mit untergelaufen ist oder nicht: sie bilden den decorativen Theil beim Ausbau des geeinigten Italiens und hatten offensichtlich nur den Werth politischer Manifestationen angesichts der

---

36) S. Felix Dahn, krit. Vierteljahresschrift l. c.; Lieber l. c. — *„La volonté des peuples se révèle donc toujours dans les evènements mêmes: le plébiscit n'est toujours qu'une expression superflue de cette volonté";* — Padelletti. R. Dr. J. T. III, p. 488. Dagegen für den juristischen Werth der italienischen Volksabstimmungen: Pierantoni. *Storia del Diritto intern. nel secolo XIX., p. 402 sq.* Zu eng formalistisch ist in Beurtheilung dieser Frage Brockhaus, l. c., S. 312 fg.

37) Ein Ausspruch Macchiavellis über die päpstliche Herrschaft im Herzen Italiens.

Interventionslust fremder Mächte. Es ist deshalb verfehlt, wenn Pierantoni behauptet: ... *La votazione ebbe questo grande valore giuridico: affermò l'esistenza della coscienza popolare della nazionalità italiana, ed escluse il dubbio che il governo piemontese avesse fatto illegittime conquiste.* — Die Legitimität der piemontesischen „Eroberungen" ruht in dem Nothstande eines um den staatlichen Ausdruck seiner Vollkraft, seiner Autarkie ringenden Volkes, — nicht aber in den turbulenten Bürger-Comizien und nicht in dem „liebenswürdigen Spiel" der 3000 Frauen, welche in Neapel dem Beispiele der Männer folgend für den Anschluss an Sardinien ihre Stimmen abgaben.

Wird der Anspruch aufrecht erhalten, diesen Plebisciten juristischen Werth beizumessen, so trifft sie der strenge Vorwurf freiheitsfeindlicher Vergewaltigung der der Annexion widerstrebenden Minoritäten. In den Dekreten der Turiner Regierung, welche den gesetzlichen Ausdruck für den Anschluss der einzelnen Territorien an die Unionsbewegung enthalten, fehlt schlechterdings jede Bestimmung zum Schutze der Rechte jener Minderheiten[38]).

38) So das Decret vom 22. März 1860: *Vittorio Emanuele II. Re di Sardegna ecc. Visto il risultamente della votazione universale delle Provincie della Toscana, dalla quale consta essere generale voto di quelle popolazioni di unirsi al Nostro Stato; Sentito il Nostro Consiglio dei Ministri; Abbiamo decretato e decretiamo: — Art. I. Le Provincie della Toscana faranno parte integrante dello Stato dal giorno della data del presente Decreto. — (Reg. 14. Atti del Governo Vol. XXIX., p. 255)* und Decret vom 17. Dezember 1860 über die Einverleibung Neapels. *N. R. Gen.* Martens-Samwer. T. XVII., p. 50 fg. — Zur Kritik der italienischen Plebiscite, s. noch Beach-Lawrence. *Commentaire sur les Eléments du Droit international et sur „L'histoire des progrès du Droit des gens"*

5. Ein durchaus verschiedenes Bild bieten jene Gebiets-Annexionen, welche als kleine territoriale Compensationen für die Vergrösserung des oberitalienischen Königreichs seitens Napoleon's III. gefordert wurden und von dem jungen Italien auch zugestanden worden sind. Mit dem Turiner Vertrage vom 24. März 1860 gelangten die zu Sardinien gehörigen Gebiete von Savoyen und des Circondario di Nizza an Frankreich. Wir haben bereits oben (S. 80) die Gründe dargelegt, die uns bestimmen, nur mit wesentlichen Vorbehalten dem theoretischen Lobe [39]) beizutreten, welches seit Jahren diesem Vertrage gilt. Allem voran muss klar gestellt werden, dass die in seiner Veranlassung stattgehabten Plebiscite in offenem Widerspruche mit der parallel laufenden nationalen Bewegung in Italien standen. Denn mag auch in Ansehung der gemischten Bevölkerung Nizza's die Entscheidung der Nationalität des Gebietes durch das Stimmenmehr der Bevölkerung für zulässig erkannt werden: so darf doch nicht Gleiches für Savoyen gelten, durch dessen Cession an Frankreich — wie MOMMSEN zutreffend bemerkt —

---

de HENRY WHEATON. T II., p. 264; Rede des Prinzen Napoléon im französischen Senat vom 1. März 1861; Depesche des Lord John Russel an den englischen Gesandten James Hudson in Turin *de dato* 21. Jänner 1861. *Archives diplomatiques T. II. 1861, p. 370 sqq.* Hiezu die Antwort Cavours in dessen Depesche an Mass° d'Azeglio, Gesandter in London. l. c. S. 385 fg. — Protestation des Grossherzogs von Toscana *de dato* Dresden, 16. März; der Regentin von Parma, Schloss Wartegg in der Schweiz, 10. April 1861. *Archives diplomatiques. l. c.* S. 390—393. Namentlich aber: *Note circulaire du ministre des affaires étrangères du roi François II. à ses agents diplomatiques.* Ebendas. T. I. 1861, p. 73 fg. —

39) CALVO. l. c. §. 998—1000. FUNCK-BRENTANO-SOREL. l. c. S. 157. Den Vertragstext s. bei DE CLERCQ. *Rec. des Traités de la France. T. VIII., p. 32 sqq.*

das eigene Königsgeschlecht Italiens entnationalisirt worden ist[40]).

Allein auch der Gedanke des popularen Verfügungsrechtes über das Territorium, wie er den Anhängern der Plebiscittheorie vorschwebt, lag jenen Plebisciten nicht ernstlich zu Grunde. Wie schon oben betont wurde, ist die Cessionsformel des Vertrages bedingungslos gehalten und unterscheidet sich nicht von der Textirung ähnlicher Verträge: Art. 1. *„S. M. le Roi de Sardaigne consent à la réunion de la Savoie et de l'arrondissement de Nice à la France, et renonce pour lui et tous ses descendants et successeurs en faveur de S. M. l'Empereur des Français, à ses droits et titres sur les dits territoires"*. Der unverbundene Nachsatz: — *„Il est entendu entre L. L. M. M. que cette réunion sera effectuée sans nulle contrainte de la volonté des populations etc."* berechtigt in seiner Allgemeinheit mit keinem Worte zu dem entscheidenden Schlusse, dass von der Durchführung jener Annexionen Umgang genommen worden wäre im Falle eines negativen Ergebnisses der Volksabstimmungen. Der Vertrag hätte in dieser Absicht bedingt formulirt sein müssen, und hätte als Grund seines Abschlusses nicht den vom Votum jener Bergbevölkerung doch sicherlich ganz unabhängigen Umstand hinstellen dürfen, dass die eingetretenen Gebietserweiterungen des Königreichs Sardinien auch für Frankreich eine Grenzvorschiebung nothwendig erscheinen lassen.

Ruft man sich dabei in Erinnerung, dass trotz des fast einstimmigen Anschlusses der Bewohnerschaft Nizza's und Savoyen's an Frankreich, die nizza-savoyen'sche Frage schon

---

40) S. MOMMSEN'S Brief vom 10. August 1870 in der *Perseveranza de Milano;* und dessen Brochure: *„Agli Italiani"*. Berlin 1870.

nach wenigen Jahren eine Richtung angenommen hat, welche mit den Volksvoten des Jahres 1860 in scharfen Gegensatz trat, so muss bestritten werden, dass das Ergebniss jener Plebiscite, so überwältigend und einstimmig[41]) es zu sein scheint, in der That den inneren, wahren, überlegten und nachhaltigen Willen der Bevölkerungen dargethan hat. Wieder zeigt es sich, dass eine allgemeine Volksabstimmung keine wahre Erkundung des Volkswillens sichert, und auch auf die Dauer keinen Verlass gewährt.

Abgesehen von diesem doctrinären Theile seines Inhaltes zeigt der Turiner Vertrag eine sorgfältige Beachtung der in seinen Kreis fallenden Materien, — und eine weitgehende Anerkennung der aus dem Bewusstsein des freien persönlichen Selbstbestimmungsrechtes fliessenden Entscheidung über die Frage der Zugehörigkeit des Wahlberechtigten zu einem von mehreren Staaten. Wir finden hier zum ersten Male neben Anordnung eines Plebiscits, die Rechte der Minoritäten voll gewahrt durch die gleichzeitige Aufstellung geeigneter Optionsnormen. Diese stimmen im Wesentlichen mit denen des Züricher Vertrages überein und gewähren demnach eine einjährige Optionsfrist ohne Realisirungszwang, fordern jedoch zur Erhaltung der sardinischen Staatsbürgerschaft, dass die in den cedirten Gebietstheilen Domizilirten oder dahin Zuständigen ihren Wohnsitz nach

41) Der Moniteur Univers. brachte vom 5. April ab bis zu den Abstimmungstagen Hunderte von Ergebenheitsadressen mit Anführung aller Subscribenten. Von 29,142 Wählern in Nizza und Gebiet waren 24,637 an der Urne erschienen. Hievon stimmten 24,448 für den Anschluss, 160 dagegen. In Savoyen gaben von 135,449 Stimmberechtigten 130,533 ihr Votum für Frankreich ab und 235 erklärten sich gegen den Anschluss. — S. hiezu die Verhandlungen im Turiner Parlamente vom 12. April 1860.

Italien verlegen[42]) und sich daselbst ansässig machen, — (. . . *de transporter leur domicile en Italie, et de s'y fixer.* — Art. VI). Letztere Bestimmung enthält ein Novum, dessen Wirksamkeit sich gegen nahe gelegene Umgehungsversuche richtete.

In der Pariser-Nachtragsconvention vom 23. August 1860 wurden noch genaue Verfügungen getroffen über den zollfreien Eingang der Effekten von Immigranten und über die optionslose Auslieferung der nach Nizza-Savoyen zuständigen Verbrecher an Frankreich. — Eigenthümlich ist die Anordnung, welche die französische Regierung in einem Dekrete vom 30. Juni 1860 in Ansehung des Optionsrechtes der Minderjährigen traf. Im Art. II desselben wird nämlich den in den annectirten Territorien gebornen Minderjährigen übereinstimmend mit der Norm des Art. IX *Code civil* das Recht eingeräumt, ein Jahr lang nach erreichter Volljährigkeit die französische Staatsbürgerschaft zu reclamiren. Das Dekret geht somit von der Annahme aus, dass die zur Zeit der Annexion Minderjährigen bis zur entgegenstehenden ausdrücklichen Erklärung als Fremde anzusehen und zu behandeln gewesen seien.

Diese Bestimmung, welche durchaus im Geiste des französischen öffentlichen Rechtes gefasst ist, konnte unbehindert in einem Vertrage Aufnahme finden, welcher eine friedliche Gebietscession zwischen engverbündeten Staaten

42) Nur einigen wenigen Funktionären, welche für Sardinien votirten, wurde das Verbleiben im bisherigen Dienste gestattet. (Art. V des Vertrages.) Das berechtigt jedoch CALVO nicht zur allgemeinen Behauptung: . . . *le traité de cession de Nice et de la Savoie à la France en 1860 s'est inspiré d'autres principes, en assignant aux habitants un delai pour manifester leur intention de conserver la nationalité italienne sans être tenus de changer de résidence. l. c.* T. II., S. 302.

stipulirte. Es geht aber nicht an, sie ganz allgemein als zweifelloses Postulat völkerrechtlicher Entwicklung hinzustellen, wie dies von einer Anzahl französischer Publicisten geschehen ist[43]). — Ist es nicht billig, sagt COGORDAN, auch den Minderjährigen die Möglichkeit der Option einzuräumen? Da aber das französische Recht in Fragen des persönlichen status eine Substituirung des persönlichen Willens nicht zulässt, so müsse die Ausübung jenes Wahlrechts — gestützt auf den allgemeinen Rechtsgrundsatz: *contra non valentem agere non currit praescriptio* — bis zur Erreichung der Volljährigkeit verschoben werden. — Der Gedanke ist gewiss von humanem Geiste erfüllt, zugleich aber auch der Umstände und staatlichen Zustände nicht eingedenk, welche die Vornahme einer Option regelmässig umrahmen. Die Rechtmässigkeit, das sagt die staatliche Nothwendigkeit einer Gebietswandlung vorausgesetzt, kann in Durchführung derselben die beiderseitigen Regierungen nur ein Wunsch leiten: die Herstellung definitiver Bevölkerungsverhältnisse in den cedirten Territorien. Die Frage der Nationalität oder der Staatsbürgerschaft in ihrer Präcisirung für das Individuum ist aber von so eminent rechtlicher Bedeutung nicht nur für den interessirten Staat selbst, sondern für die gesammte Staatengesellschaft, dass in Sicherungsmassregeln zur Erlangung der erwünschten Bestimmtheit nicht leicht zu viel verlangt werden kann. Der Zweck wird aber vollständig verfehlt und die versöhnende Wirkung des Zeitenlaufes auf die Gemüther der von der Cession Betroffenen durchaus vereitelt, wenn das

43) S. COGORDAN. *l. c. p. 197–215.* EUGÈNE HEPP. *Du droit d'option des Alsaciens-Lorrains.* Paris 1872. p. 37 fg. unter Berufung auf DALLOZ. *Droits civils,* Nr. 593; AUBRY ET RAU §. 71. Note 33; DEMOLOMBE, I. 175–178.

politische Leben eines solchen Gebietes noch ein ganzes Menschenalter hindurch durch nachträgliche Voten der herangereiften Jugend vom Grund aus aufgestürmt werden soll. —

Wenn daher auch die von Frankreich hier angebahnte Reform über das gewöhnliche Ziel schoss, so bleibt es doch unstreitig sein hohes Verdienst, in dem Dekrete vom 30. Juni 1860 auf eine wunde Stelle des Optionsverfahrens hingewiesen zu haben. Obwohl spätere Optionsgelegenheiten, die mit der hier erörterten nicht den friedlichen Hintergrund gemeinsam hatten, in den den Minderjährigen eingeräumten Concessionen nicht so weit gehen konnten, als hier Frankreich ging, — so war doch jener Kreis merklich zu ihren Gunsten erweitert. Gehen wir auf die principiellen Grundlagen der einschlägigen neueren Bestimmungen ein, so scheint sich die allgemeine Rechtsüberzeugung dahin zu festigen, dass auch Minderjährige innerhalb des für die übrige Bevölkerung gesetzten Zeitraumes durch ihre gesetzlichen Vertreter das Optionsrecht ausüben müssen, — dass jedoch der Zeitpunkt der Handlungsfähigkeit dabei nicht von dem privatrechtlich-technischen Gesichtspunkte der Volljährigkeit bestimmt werde, sondern dass die Ausübung der freien Staatswahl auch schon Personen auf minderer Altersstufe, etwa vom 18. Lebensjahre oder vom Zeitpunkte der Militärpflicht ab zustehe. Freilich hätten dann auch alle Rechtsfolgen der Option, wie Domicilswechsel etc. auch auf diese volle Giltigkeit und Anwendung zu finden. Der unvermeidliche Zwang, welcher ausserdem darin liegt, die übrigen jüngeren Personen der Staatswahl des Vaters oder des sonstigen gesetzlichen Vertreters folgen zu lassen, mag drückend sein; — allein er ist regelmässig unvermeidlich und gewährt dafür den Vortheil, Klarheit in die Sachlage zu bringen indem er genau den Personenkreis Jener umschreibt, welche von nun ab befugt sind, von dem friedlichen Erwerber oder siegreichen Eroberer den Schutz ihrer bürgerlichen Rechte zu beanspruchen[44]. —

Die Annexion Nizza's und Savoyen's machte auch eine Grenzregulirung zwischen Frankreich und Monaco nothwendig. Hiebei verlor das kleine Fürstenthum die Gebiete von Menton und Roquebrune, welche auf Grund des Pariser Vertrages vom 2. Februar 1861 an Frankreich abgetreten wurden. Seine Optionsbestimmungen zeigen nur die Abweichung von dem Gewöhnlichen, dass Bedienstete des Fürsten von Monaco, welche für Frankreich optirt hatten, nicht gehalten waren ihren Wohnsitz zu verlassen, oder sich in der optirten Heimat dauernd niederzulassen. Eine principielle Bedeutung fehlt dieser Ausnahmsbestimmung durchaus, und lässt sich nur aus der Rücksichtnahme für die exceptionellen localen Verhältnisse des mit Frankreich contrahirenden Zwergstaates erklären[45]. —

Der chronologischen Vollständigkeit wegen sei hier noch des Verzichtes Englands auf sein Protectoratsverhältniss zu den jonischen Inseln und deren Anschluss an Griechenland erwähnt, — Londoner Vertrag vom 13. Juli 1863[46] — welche Vorgänge jedoch mit der uns beschäftigenden Frage nur im äusserlichen Zusammenhange stehen, da bei ihnen von einer wirklichen staatlich oder national relevanten Gebiets- oder Herrschaftsänderung nicht die Rede war. —

---

44) Vgl. Calvo. *Droit Intern. §. 1000. Consentement deduit du domicile.* — Foelix-Demangeat. *Traité du droit international privé. §. 35;* H. W. Halleck. *International Law. N.-York 1861. ch. 33. §§. 7, 8.*

45) S. übrigens Martens-Samwer. l. c. p. 55; und Cogordan. l. c. p. 230 sqq; in *La Nationalité* p. 337 u. fg.

46) S. Calvo. l. c. T. E. § 181; Wm. Beach-Lawrence, l. c. S. 231 fg.

6. Ein weitaus grösseres Maass von Interesse muss den Ereignissen zugewendet werden, welche den Ausbruch des letzten deutsch-dänischen Krieges begleiteten und sich in seiner Folge einstellten. Da die Aufzählung historischer Daten nur insoweit in unsere Aufgabe fällt, als diese selbst für die Ausbildung und Gestaltung der Options- oder Plebiscitideen von Ingerenz erscheinen, so halten wir uns für berechtigt, gleich hier auf die wesentlichsten Verhandlungspunkte der zum Zwecke der Herstellung des Friedens zwischen Deutschland und Dänemark in London zusammengetretenen Conferenz (20. April 1864) einzugehen. Ein Blick auf ihren reichen Inhalt wird uns über die Stellung belehren, welche der Gedanke der Staatswahl zur Zeit im internationalen Staatenverkehre einnahm.

In der 6. Sitzung vom 28. Mai 1864 konnten die versammelten Vertreter Oesterreichs, des deutschen Bundes, Dänemarks, Frankreichs, Grossbritanniens, Preussens, Russlands und Schwedens über vorhergegangene Erklärungen der beiden erstern und Preussens nicht weiter im Unklaren darüber sein, dass die Vereinigung der Herzogthümer mit der Krone Dänemarks in der Form reiner Personalunion deutscherseits nicht als Lösung der schleswig-holstein'schen Frage betrachtet werden könne. Damit waren die Zwecke der Conferenz selbst auf die Kante gestellt und die Frage der völligen Lostrennung der von den siegreichen Truppen der Vormächte besetzten Gebietstheile zur eigentlichen Verhandlungsbasis geworden. Von dem Beiwerke losgelöst, drehten sich die Berathungen wesentlich um drei Punkte: 1) um die Festsetzung einer billigen Demarcationslinie zwischen Dänemark und den abzutrennenden Theilen; 2) um die Frage der künftigen staatsrechtlichen Constituirung der von Dänemark losgelösten Gebiete und 3) um das Maass der

der Bevölkerung selbst einzuräumenden Dispositionsgewalt bei Lösung der vorstehenden Fragen. —

Schon in Ansehung des ersten Punktes war eine Uebereinstimmung nicht zu erzielen, da Dänemark die Grenze der definitiven Eroberung möglichst nach dem Süden zurückgeschoben wissen wollte, wogegen die deutschen Vertreter diese hoch nach Norden zu verlegen suchten. Hätten nun auch Vermittlungsvorschläge Englands und Frankreichs zur Auffindung des *moyen terme* führen können, so musste dies an den Complicationen scheitern, welche die Einbeziehung des dritten Berathungspunktes hervorrief. Während nämlich die Grafen Russel und Clarendon im Allgemeinen keiner Verfügung über Holstein, Lauenburg und Südschleswig Rechtskraft einräumen wollten ohne Zustimmung der Einwohnerschaft [47]), sah der französische Gesandte Fürst *de la Tour d'Auvergne* den Grund der dauernden Misshelligkeiten zwischen Dänemark und Deutschland in der „schlechten" dem nationalen Gedanken zuwiderlaufenden Ansiedlung gemischter Bevölkerungen in Dänemark . . . „*Quant aux districts mixtes du centre, de quelque manière que l'on décide de leur sort il y aura toujours là des Danois soumis à un pays allemand ou des Allemands soumis au Danemark. Devant l'impossibilité absolue de prendre, sur ce point, la nationalité pour règle nous pensons qu'il serait juste de trancher le différend en faveur de la plus faible des parties*". Er fordert daher die Befragung der Bevölkerung nur bei Beschlüssen über die

47) *Déclaration* der Vertreter Grossbritanniens vom 28. Mai 1864. S. *Protocoles des conférences tenues à Londres pour le rétablissement de la paix entre l'Allemagne et le Danemark.* Martens-Samwer. T. XVII. Partie II., pp. 347—470.

staatsrechtliche Gestaltung der abgetretenen Provinzen, über die Wahl des Souveräns etc. . . . . will aber die Festsetzung der Grenzlinie Dänemarks nur von dem Gesichtspunkte der militärischen Vertheidigung ausgehend bestimmt wissen. Knapp vor dem Schlusse der Conferenzverhandlungen, nach dem Scheitern aller ablenkenden Vorschläge trat der französische Vollmachtsträger am 22. Juni mit einer neuen Proposition hervor, welche einen überraschenden, völligen Umschwung in den Anschauungen des von ihm vertretenen Hofes erkennen liess. Neben dem staatsrechtlichen Plebiscite zur Entscheidung der Verfassungsform erscheint ihm nun die Anordnung eines völkerrechtlichen Plebiscits als einzig geeignetes Auskunftsmittel zur Bestimmung der Grenzlinie . . . „*tout en admettant l'impossibilité de prendre la nationalité pour règle absolue, dans le partage des districts mixtes du Sleswig*“[48]).

Dänemark beobachtete im ganzen Verlaufe der Conferenz den Plebiscitvorschlägen gegenüber vorsichtige Reserve im Gegensatze zu den Vertretern des deutschen Bundes und Preussens, welche sich warm für jene Entscheidungsform einsetzten. Baron v. Beust, Namens des deutschen Bundes, sah in der allgemeinen Abstimmung ein durchaus praktisches Mittel zur Ermittlung der Grenzlinie, indem er die einzelnen Distrikte, je nach der nationalen Mehrheit, zwischen Deutschland und Dänemark auftheilen wollte. Noch bestimmter sprach sich Preussens Vertreter über die Berufung der Bewohner Schleswigs zu einer allgemeinen Abstimmmung aus. In der von Gf. Bernstorff am 18. Juni vorgelegten Declaration heisst es: . . . „Wir verlangen im Auftrage unserer Regierung, dass die Bewohner Schleswig's um ihre Zustimmung

---

48) Martens-Samwer. l. c. S. 436.

befragt werden in Ansehung der über sie zu treffenden Verfügungen, und dass weder über die ganze Bevölkerung noch über einen Theil derselben eine Entscheidung getroffen werde, ohne dass deren Wünsche vorher rechtlich ermittelt worden wären. Wir sind ermächtigt, über die Art der Durchführung des von uns in Vorschlag gebrachten Abstimmungsprinzipes in Discussion zu treten" [49]).

Eine consequente Gegnerschaft fand die Plebiscittheorie bei den Vertretern Oesterreichs, welche von Anfang an ihre theoretische Berechtigung und praktische Durchführbarkeit bekämpften. Graf Apponyi sieht darin kein geeignetes Auskunftsmittel wegen der Schwierigkeit, welche darin liegt, eine annehmbare Grenzlinie zu finden, die zugleich auch auf allen localen Punkten den nationalen Wünschen der gemischten Bevölkerung entspräche. Die kaiserliche Regierung gehe daher von der Ansicht aus, dass der Wille der Herzogthümer durch ihre gesetzmässigen Organe, d. h. durch den bisherigen Fürsten und die rechtmässig versammelten Vertreter, nicht aber durch individuelle Abstimmung der Bewohner zum Ausdrucke gelange. — Russland, Schweden und endlich auch England schlossen sich dieser gegen die territoriale Entscheidungskraft des Plebiscits gerichteten Anschauungsweise rückhaltslos an [50]).

Es ist leicht erfasst, dass bei dieser principiellen Divergenz der vereinigten Mächte eine gemeinsame Formel für die Lösung der obschwebenden Fragen nicht gefunden werden konnte; und so ging denn die Londoner Friedensconferenz in der Sitzung vom 25. Juni 1864 am Vorabende der Wiederaufnahme der Feindseligkeiten zwischen den kriegführenden

49) l. c. S. 412.
50) l. c. S. 386 fg.

Staaten — resultatlos auseinander. — Wenn wir so lange bei diesem Anlasse verweilten, so geschah es, weil hier die Frage des völkerrechtlichen Plebiscits zum ersten Male im Kreise der diplomatischen Vertretung der europäischen Staatengesellschaft behandelt wurde, und weil es sodann unseres Ermessens eine nicht unveranlasste Aufgabe ist, die grossen Wandlungen kennen zu lernen, welche die Ansichten der meist interessirten Staaten in dieser Frage durchgemacht haben. Die Thesen von dem das bewohnte Territorium erfassenden plebiscitären „Selbstbestimmungsrechte der Völker", und der votumlosen Annexion weiter Gebiete, — je nachdem die Verhältnisse die eine ohne Schaden oder die andere mit Vortheil anwenden lassen, erinnern an das berühmte Wort Chateaubriands über die Intervention[51]. Die späteren rücksichtslosesten Anhänger waren die Ersten, welche die philosophische Unhaltbarkeit der Plebiscittheorie betonten; und jene welche ihre rechtliche Entscheidungskraft über jedem Zweifel stehend fanden, waren es eben, welche der praktischen Undurchführbarkeit wegen die hierauf gerichtete übernommene Verpflichtung unerfüllt gelassen haben — und unerfüllt lassen mussten.

Wir können nunmehr zur Besprechung des Friedensvertrages vom 30. Oktober 1864[52] übergehen, welcher unter Abtrennung Schleswig-Holstein's und Lauenburg's von Dänemark den deutsch-dänischen Krieg zum Abschlusse brachte. Er ist überaus reich an Bestimmungen zum Schutze des

---

51) *L'intervention ou la non-intervention defendue tour à tour à la tribune est donc une puerilité absolutiste ou libérale; en politique il n'y a point de principe exclusif; on intervient ou l'on n'intervient pas selon les exigences de son pays. — Congrès de Verone éd. Paris 1838. p. 314.*

52) S. Neumann. *Recueil Nouv. Suite.* T. 3. p. 516 sqs.

individuellen Staatswahl-Rechtes: Art. 7 macht zunächst die bereits bei früheren Anlässen zur Anwendung gelangten Art. 20, 21 und 22 des am 3. Mai 1815 zwischen Oesterreich und Russland abgeschlossenen Grenzvertrages[53]) zu integrirenden Bestandtheilen dieses Friedens, insoweit dieselben die Rechtsverhältnisse der Forensen und den Grenzverkehr im Allgemeinen zu regeln bestimmt sind. Die eigentlichen Optionsnormen (Art. 18, 19) erscheinen als zumeist wörtliche Wiedergabe der im Züricher Frieden vom 10. November 1859 getroffenen, fortschrittlich gehaltenen Verfügungen — mit dem Unterschiede jedoch, dass die an eine competente Behörde zu leitende Optionserklärung innerhalb des breiten Zeitraumes von sechs Jahren erfolgen konnte.

So oft uns in der Geschichte der Verträge eine ungewöhnliche und nicht in den besonderen Verkehrsverhältnissen begründete breite Optionsfrist auffällt, so oft liegt eine Indication dafür vor, dass der abgeschlossene Vertrag nur den Durchgangspunkt für ein längeres Provisorium bilden solle. Auch der Wiener Friede vom 30. Oktober 1864 bestärkt diese Beobachtung. Die Herzogthümer waren wohl von dem alten Staate abgetrennt — es fehlte jedoch recht eigentlich der „andere" Staat, in dessen Machtbereich die cedirten Gebietstheile fallen sollten. Auch die Gasteiner Convention vom 14. August 1865 änderte hierin nichts. Sie war ein augenblicklicher Nothbehelf, eine blosse Modification des Provisoriums, ohne dass im Besitzrecht selbst eine Aenderung eintrat. Anstatt, dass Oesterreich und Preussen die Herzogthümer wie bis dahin gemeinschaftlich regierten, wurde die Verwaltung in der Art getheilt,

53) S. oben S. 115.

dass Preussen die ausschliessliche Regierung in Schleswig, Oesterreich die ausschliessliche Regierung in Holstein übernahm, unbeschadet des gemeinsamen Besitzrechtes an beiden Herzogthümern. Nur Lauenburg bekam seinen definitiven Herrn in der Person des Königs von Preussen; eine geordnete Option hat daher zur Zeit auch nur hier statt haben können, wo die Bevölkerung sich ihrer bestimmten künftigen staatsrechtlichen Stellung bewusst werden konnte.

In Ansehung der Herzogthümer dauerte der Zustand des Unerledigten bis zu dem Zeitpunkte fort, da sich der Streit der österreichischen und preussischen Cabinete um den Besitz der eroberten Gebiete mit einem Male in den grossen Kampf verwandelte, der Deutschlands Selbstständigkeit und die Bildung eines national geeinten Staates in Mitten des Continents entschied. Der Art. V des zu Prag am 23. August 1866 geschlossenen Friedens[54]), womit der Kaiser von Oesterreich alle seine im Wiener Frieden vom 30. Oktober 1864 erworbenen Rechte auf den König von Preussen übertrug, — war durchaus geeignet, jenen Unbestimmtheiten ein Ende zu machen, indem er die definitive Einverleibung der Herzogthümer in Preussen zur Folge hatte. Jetzt erst hatten die im Jahre 1864 aufgestellten Optionsnormen klaren Inhalt und durch das hinzutretende Moment der Gegenseitigkeit volle Anwendbarkeit gewonnen. Dies gilt jedoch nur für Holstein, Süd- und Mittel-Schleswig, da nach Inhalt des oben citirten Art. V die Cession jener Rechte nur mit der Massgabe erfolgte, dass die Bevölkerungen der nördlichen Distrikte von Schleswig, wenn sie durch freie Abstimmung den Wunsch

54) S. NEUMANN. l. c. T. 4, p. 462 sqs.

zu erkennen geben, mit Dänemark vereinigt zu werden, — an Dänemark abgetreten werden sollten.

Die französische Regierung, deren Einflussnahme dieser in seinen Ausdrücken überaus dehnbare Passus sein Entstehen verdankte, widersprach durch ihre diesfällige Ingerenz auf die Nikolsburger Friedensverhandlungen nicht unwesentlich jener Anschauung, welcher sie anfänglich auf der Londoner Conferenz Ausdruck geben liess. Während sie nämlich dort „in Einsicht des Umstandes, dass die Nationalität der Bevölkerungen nicht als Basis der Grenzlinie angenommen werden könne“, — nur auf der vorher tracirten Grenze die Grenzcommunen nach ihrer nationalen Majorität Deutschland (Oesterreich-Preussen) oder Dänemark zuweisen wollte, — erweiterte sie hier den Gebietsstreifen, dessen Staatszugehörigkeit von dem Volksvotum abhängig sein solle, auf die vage Ausdehnung der „nördlichen Distrikte“ [55]).

Der innere Widersinn des Projektes prägte sich in der äusseren Unmöglichkeit aus, es zu realisiren. Wenn sich die verkehrswidrige Tendenz der Plebiscittheorie an einem Punkte zeigt, so ist dies in dem undurchführbaren Beginnen der Fall: durch Abstimmung der Bevölkerungen national scharfe Grenzen zwischen verschieden nationalen Nachbarstaaten herstellen zu wollen. „Wohnten sämmtliche Dänen in einem an der dänischen Grenze belegenen Landstriche und sämmtliche Deutsche diesseits, — erklärte Graf v. Bismark [56]), — so würde ich es für eine falsche Politik

55) „*Ce vote par communes permettrait de tenir, dans le tracé definitif de la frontière, le compte le plus exact possible de chaque nationalité.*“ Aus der Rede des französischen Gesandten Fürsten *De la Tour d'Auvergne.* l. c. S. 436.

56) Reichstagssitzung vom 24. September 1861. Verhandlungen S. 89.

halten, diese Sache nicht mit einem Striche zu lösen und den rein dänischen Distrikt an Dänemark zurückzugeben. Ich würde dann die Rückgabe für eine einfache Forderung derselben nationalen Politik halten, welcher wir in Deutschland folgen. Die Schwierigkeit der Frage liegt aber bei der Mischung der Bevölkerung eben darin, dass wir Dänen nicht an Dänemark zurückgeben können, ohne ihm Deutsche mitzugeben." —

An diesem mit Treffsicherheit gekennzeichneten Zustande konnten weder Petitionen einzelner dänischer Ortschaften noch die Eidesverweigerungen der zwei Abgeordneten Nordschleswigs[57]) etwas ändern. Es lag eben im Wesen der Dinge, dass, wenn der König von Preussen sich bereit erklären sollte, etwaige auf eine Wiedervereinigung mit Dänemark gerichtete Wünsche nordschleswig'scher Dänen-Unterthanen in Erfüllung gehen zu lassen, — die Wünsche und die Bedürfnisse seiner deutschen Unterthanen in jenen Territorien für ihn keine geringere Bedeutung haben durften. Deutsche Gemeinden wider ihren Willen und mit dem Verluste jedes Rechtes auf ihre nationale Eigenart an ein fremdes Land abzutreten und sie Gefahren preiszugeben, deren Befürchtung in Erinnerung an die Vergangenheit unter ihnen selbst laut genug hervortrat, — dazu konnte der Prager Friedensvertrag Preussen nie verpflichten. Immer unter Festhaltung dieser Anschauung und des Gesichtspunktes, dass nur dem Kaiser von Oesterreich nicht aber einem einzelnen Einwohner von Schleswig die Forderung auf Durchführung einer Abstimmung erwachsen sei, richtete die

57) S. die sten. Verhandlungs-Protokolle des preussischen Abgeordnetenhauses. Sitzungen vom 13. u. 27. November 1868.

preussische Regierung schon in der Note vom 18. Juni 1867[58]) an Dänemark die Anfrage, ob die dänische Regierung sich im Stande glaube, Einrichtungen zu treffen und Maassregeln in Aussicht zu stellen, welche für den Schutz und die Sicherung der nationalen Eigenthümlichkeit der in den etwa abgetretenen Gebietstheilen einzeln oder in Gemeinden wohnenden Deutschen bestimmte Bürgschaften geben, und welcher Art, in individueller, localer und communaler Beziehung, diese Garantien sein würden? — Zugleich sollte auch das Repartitionsverhältniss zur Erörterung gelangen, in welchem Dänemark nach Maass der zu erfolgenden Retrocessionen zur Ablösung und Tilgung der auf den Herzogthümern lastenden Schulden herangezogen werden sollte[59]).

Dänemarks ablehnende Haltung dem gegenüber, — „zu einer Erledigung mitzuwirken, welche ohne den Bedürfnissen der (nordschleswig'schen) Bevölkerung zu genügen, dem Reiche künftige Schwierigkeiten bereiten könnte“[60]) gab der sogenannten nordschleswig'schen Frage den stationären Charakter, welcher der inneren Unmöglichkeit ihrer praktischen Lösung entsprach. — Auch die österreichische Regierung, welche in dem nicht auf ihren Betrieb entstandenen Art. V des Prager Friedensvertrages die Empfängerin eines Versprechens geworden ist, dessen eventuelle Erfüllung nicht ihre Interessensphäre berührte, hat keine Veranlassung erblicken können, nach irgend einer Seite hin durch bestimmte Initiative einen für ihre Beziehungen zu den unmittelbar

58) S. Staatsarchiv. Bd. 13. S. 83 fg. Note des Gesandten in Kopenhagen an den königl. dänischen Minister d. Ausw.

59) S. hierüber Näheres bei THUDICHUM. Verfassungsrecht des Norddeutschen Bundes. Tübingen 1870. S. 55—59.

60) S. Thronrede des Königs bei Eröffnung des Reichstags am 5. Oktober 1868; und Antwortsadressen des Folkethings und Landsthings vom 20. Oktober 1868. Staatsarchiv. Bd. 15. S. 130—132.

interessirten Mächten nachtheiligen Druck auszuüben[61]). — Die in der Literatur laut gewordene Anschauung, welche eine Interventionspflicht Oesterreichs aus dem Gedanken des angenommenen Versprechens zu Gunsten Dritter ableiten wollte, übersieht mit ROLIN-JAEQUEMYNS[62]) den wesentlichen Umstand, dass nur einem thatsächlich erfüllbaren Versprechen juristische Relevanz zukommen kann.

In Erkenntniss dieses Umstandes und der dauernden Gefahren, welche mit dem Fortbestande jedes Scheinverhältnisses im internationalen Verkehre verbunden sind, schritten die beiden Staaten Oesterreich und Preussen zur einzig gebotenen Lösung dieser Frage: zur vertragsmässigen Aufhebung der die Retrocession stipulirenden Bestimmungen des Art. V des Prager Friedens. In dem zwischen den Contrahenten des Letzteren abgeschlossenen Staatsvertrage *de dato* Wien 11. Oktober 1878[63]) verzichtete Oesterreich in „Würdigung der Schwierigkeiten, welche sich der Durchführung des in jenem Artikel niedergelegten Principes entgegenstellen" auf den Rechtsbestand der der Cession seiner Rechte auf Schleswig-Holstein beigefügten Bedingung, so dass der bezügliche Passus im Art. V des genannten Vertrages vom 23. August 1866: . . . „mit der Massgabe, dass die Bevölkerungen der nördlichen Distrikte von Schleswig, wenn sie durch freie Abstimmung den Wunsch zu erkennen geben, mit Dänemark vereinigt zu werden, an Dänemark abgetreten werden sollen" — einverständlich ausser Giltigkeit gesetzt wurde. Damit war Oesterreich wieder zu jener Anschauungsart zurückgekehrt, welcher sein Vertreter auf

---

61) S. Uebersicht der den Delegationen vorgelegten Correspondenzen des k. k. gemeinsamen Ministeriums des Aeussern Nr. 2.

62) *Revue de Droit Intern.* T. 2, p. 525; 720—724.

63) Publizirt im Reichsgesetzblatte vom 18. Februar 1879, Nr. 22.

der Londoner Conferenz consequenten Ausdruck gab, während Preussens nothwendige Haltung und Entscheidung in der nordschleswig'schen Frage, verglichen mit der Declaration des Grafen Bernstorff vom 18. Juni 1864 den Nachweis liefern, dass dem Plebiscitgedanken ein die Wirksamkeit eines politischen Agitationsbehelfes übersteigender Werth nicht beigemessen werden kann; dass die allgemeine Abstimmung — um mit MOHL [64]) zu reden — gleichsam als „Damokles-Schwert" zu Häupten solcher Regierungen aufgehängt wird, in deren Gebieten man weitverbreitete Verstimmung und Aenderungswünsche annehmen zu können glaubt, — ohne ihr jedoch ernstlich eine Entscheidungskraft zu vindiciren.

Der Staatsvertrag vom 11. Oktober 1878 trägt die Voraussetzungen in sich von nicht geringem Einflusse auf die völkerrechtliche Ueberzeugung der Gegenwart zu sein [65]). Er stellt sich als der bestimmte Ausdruck abgeklärter völkerrechtlicher Anschauungen zweier Grossstaaten dar und füllt jene Bresche wirksam aus, welche der unfertigen, staatswidrigen Plebiscitidee den Eintritt in's System des geltenden öffentlichen Rechtes ermöglicht hätte. — Seine Bedeutung liegt aber auch noch auf einem anderen Punkte. Während der mächtige kraftbewusste Staat in alter Zeit sich unbequemer Verbindlichkeiten dadurch entledigt, dass er ihre Erfüllung einfach verweigert, — treibt das gesteigerte Rechtsgefühl den modernen Staat zur Einhaltung eines Vorganges, welcher im Rahmen anerkannter Rechtsgrundsätze zur förmlichen Aufhebung jener Verbindlichkeiten führt. Darin liegt für den Einsichtigen mehr als ein bloss for-

64) l. c. S. 293.

65) S. hiezu HOLTZENDORFF. *L'abrogation de l'article V du traité de Prague. Revue de dr. i. Bd. X. S. 580 fg.*

maler Unterschied. Denn durch den Abschluss solcher Verträge lassen die völkerrechtbildenden Factoren durch ausdrückliche Willenserklärungen an die Stelle des schwankenden Gebrauches gemeinsame Normen des Handelns und des internationalen Verkehrs treten, so dass sich in der Gestalt solcher Verträge Völkerrechtsgrundsätze in greifbarer Form verkörpern[65]. —

7. Der letzte österreichisch-italienische Krieg, dessen Ausgang durch die gleichzeitigen preussischen Erfolge im Norden bestimmt wurde, — fand im Wiener Friedensvertrage vom 3. Oktober 1866 seinen völkerrechtlichen Abschluss. Da demselben die Cession des venezianischen Königreichs an den Kaiser von Frankreich voranging, so tritt das in seinem Gefolge durchgeführte Plebiscit in den cedirten Gebieten mit dem Scheine einer ernsteren Berechtigung auf. Erwägt man jedoch, dass jene Uebertragung lediglich als Formalact nur dazu bestimmt war, den Schwierigkeiten abzuhelfen, welche sich daraus ergaben, dass Italien von Oesterreich faktisch noch nicht anerkannt gewesen[66], dass aber

---

65) Zur endgiltigen freiheitlichen Lösung der nordschleswig'schen Frage erscheint uns jedoch die neuerliche Anordnung einer billigen Optionsfrist für die betreffenden Distrikte als unerlässliche Forderung des freien Staatswahlgedankens. Wenn auch nur Ein dänischer Bewohner nach 1866 die Vornahme der ihm freigestandenen Option in der Anhoffnung einer Retrocession unterliess, so liegt es nun nach Beseitigung dieser Möglichkeit in der völkerrechtlichen Pflicht der definitiven Staatsgewalt durch Neueröffnung einer angemessenen Optionsfrist dem Gedanken der Staatstreue wirksamen Schutz zu gewähren. — S. hiezu auch die Redaktionsnote nach Holtzendorffs cit. Art. in der Revue de Dr. I. Bd. X. S. 586.

66) Visconti-Venosta an den Prinzen Napoleon unterm 22. Juli 1866: „*Aucune discussion regulière n'a eu lieu entre nous et l'Autriche. Le Gouvernement autrichien continue, à ne pas vouloir reconnaitre l'Italie,*

der Sachlage nach nicht einen Augenblick lang an der künftigen Zugehörigkeit Venedigs zu Italien gezweifelt werden konnte, — dann muss die Annahme, dass in Folge der Cession Venedigs an Napoleon erst das Ergebniss des Plebiscits das staatliche Schicksal der von Oesterreich abgetrennten Provinz entschied, als Uebertreibung erkannt werden. Die Vollendung der auf nationaler Basis aufgebauten Einheit Italiens hätte jede andere Lösung der venezianischen Frage, als in der Form der thatsächlich durchgeführten territorialen Verbindung, unmöglich gemacht. —

Am 24. August 1866 wurde in Wien die Convention gefertigt, nach welcher der Kaiser von Oesterreich das lombardisch-venezianische Königreich an den Kaiser der Franzosen überträgt, „der es seinerseits annimmt" (Art. I). Diese Fassung wurde der Convention über Antrag Oesterreichs gegeben, nachdem man einen Passus des französischen Entwurfes, welcher auf eine Cooperation der österreichischen Regierung bei Durchführung des venezianischen Plebiscits abzielte, mit richtigem Gefühle fallen liess[67]). Am 21. und 22. Oktober 1866 erfolgte denn in den „befreiten" italienischen Provinzen Venedig und Mantua die allgemeine Volksabstimmung, welche, wie vorauszusehen war, mit an Einhelligkeit grenzendem Ergebnisse den Anschluss der Gebiete an Gesammt-Italien zum Ausdrucke brachte[68]).

---

et c'est avec la France, et non avec l'Autriche, que le Gouvernement du Roi discute les bases de l'armistice et de la paix". Staatsarchiv XII., S. 83.

67) *Arch. dipl. 1867. T. I.,* S. 210—212.

68) S. hiezu die Protokolle betreffend die Uebergabe des an Frankreich abgetretenen Veneziens an das venezianische Volk vom 19. Oktober 1866. Staatsarchiv l. c. S. 150 fg. — und *Regio Decreto col quale le Provincie della Venezia e quella di Mantova fanno parte integrante del Regno d'Italia del 14. novembre 1866.* —

Complementär wird diese, die staatliche Pertinenz der cedirten Gebiete bestimmende Willensmanifestation der Bevölkerung durch jene Optionsnormen ergänzt, welche der Wiener Frieden vom 3. Oktober 1866 [69]) zum Schutze der, der Abtrennung von Oesterreich widerstrebenden Minorität enthält. Die Artikel XIV—XVI räumen in textlicher Ueberneistimmung mit den parallelen Verfügungen des Züricher Friedens vom 10. November 1859 den Bewohnern der abgetrennten Territorien das Recht ein, auf Grund einer an die competente Behörde gerichteten Erklärung binnen Jahresfrist nach Austausch der Vertrags-Ratifikation unbehindert und abgabenfrei, unter Bewahrung des Eigenthumsrechtes an liegenden Gütern, — in einer der übrigen Provinzen des Kaiserthums sich niederzulassen, in welchem Falle ihnen das österreichische Staatsbürgerrecht gewahrt blieb. Die gleichen Rechte wurden den in den cedirten Gebieten zuständigen Personen zu Theil, welche zur Zeit des Vertragsabschlusses im Kaiserthum Oesterreich domicilirten, während die Optionsfrist sich auf zwei Jahre in Ansehung Jener erweiterte, welche ausserhalb der Monarchie befindlich, von ihrem Wahlrechte Gebrauch machen wollten. Civilbeamten und aktiven Militärpersonen wurde ohne weiters die Entlassung ertheilt, wenn dem nicht ihr ausdrücklicher Wunsch entgegenstand, in bisherigen Diensten zu verbleiben.

8. Die Kriegsereignisse des Jahres 1866 bieten für unsere Untersuchungen eine neue Seite bei Betrachtung der Rechtsfolgen, welche sich an die debellatorische Aufhebung mehrerer zum aufgelösten deutschen Bunde gehörigen Staats-

---

69) S. Neumann l. c. Bd. 4. S. 569 fg. *Arch. Dipl. 1866. T. 4*, S. 211 fg. Staatsarchiv T. VII., S. 127.

wesen knüpfen. — Dem Völkerrechte erscheint jedes Herrschaftsverhältniss für legitim, welches sich als eine durch das positive Gesetz und die Gerichte geschützte, auf ausreichender Kraft ruhende Innehabung der Staatsgewalt darstellt. Es liegt nicht in seiner Macht, noch weniger in seinem auf Erhaltung des ununterbrochenen Staatenverkehrs gerichteten Zwecke, den staatsrechtlichen Schwankungen des Legitimitätsgedankens von Fall zu Fall kritisch zu folgen, um ein ganz eigenes Recht, welches noch heiliger und unverlierbarer, als überhaupt die auf den Grundgesetzen des Staates ruhenden Rechte sei, zu Gunsten der obersten Staatsgewalten zu statuiren. Die Achtung vor dem Gesetze und zumal vor den Grundgesetzen eines Staatswesens verleiht, tief in das Rechtsgefühl der Völker gedrungen, den Regierungsgewalten eine festere Stütze, als die unhaltbare Lehre von der allen Ereignissen und Umwälzungen, allen entgegengesetzten staatsrechtlichen und völkerrechtlichen Anerkennungen trotzenden Legitimitätstheorie. Es ist darum falsch, wenn der Völkerrechtswissenschaft die Geltung der „grausamen Debellationsidee" zum Vorwurfe gemacht wird [70]), denn diese bedeutet nichts, als die aus dem menschlichen Staatsdrange nothwendig sich ergebende Anerkennung der durch den neuen Zustand geschaffenen staatlichen Verhältnisse. Von diesen Gesichtspunkten ausgehend, muss nach ZOEPFL [71]) im Falle des Ländererwerbes durch gänzliche Aufhebung der früheren Staatsautorität *(Debellatio* oder *victoria universalis)* der Zeitpunkt, in welchem es dem neuen Staatsherrscher gelungen ist, sich in den vollen Besitz des Territoriums zu setzen, d. h. der Zeit-

70) BROCKHAUS l. c. S. 16.

71) Grundsätze des gemeinen deutschen Staatsrechtes. Bd. 1. S. 557 fg.

punkt, in welchem der neue Staatsherrscher sich in den vollen Besitz der Staatsgewalt faktisch gesetzt und die Gerichte in Abhängigkeit von sich gebracht hat, als der Zeitpunkt betrachtet werden, von welchem an er für die Einzelnen im Volke als herrschaftsberechtigt gilt. Die Veredlung dieses Besitzstandes zu einer eigentlichen Rechtsordnung gegenüber dem Individuum fordert jedoch vor Allem, dass die neue Staatsgewalt bis zu jenem Zeitpunkte dem Einzelnen die Möglichkeit gewähre, sich dem Geltungsgebiete der neuen Herrschaft und der Abhängigkeit von ihrer richterlichen Competenz durch Verlassen des Staatsgebietes zu entziehen. Gilt dies schon bei jeder Gebietscession im Allgemeinen, so muss dies insbesondere bei der vollständigen Aufhebung eines Staatsganzen durch Aufgehen in dem Staate des Eroberers der Fall sein. — Vor dem Zeitpunkte, da die usurpatorische Gewalt sich durch eigene von ihr selbst erlassene oder bestätigte Gesetze die volle Souveränetät aneignete, standen die Unterthanen des occupirten Staates zu ihr in keinem Pflichtverhältniss; das zur Anwendung gelangende Gesetz kann daher auch nur denjenigen erfassen und verpflichten, welcher sich ausdrücklich oder stillschweigend der Machtsphäre seines Urhebers unterworfen hat.

Der Gedanke der staatstreuen Option, der freien persönlichen Staatswahl zwischen dem Heimatsstaate und dem Staate des Siegers reicht hier nicht aus, wo es sich um den völligen politischen Untergang des alten Staates handelt. Da jedoch dem Eroberer blos vermöge des Ueberganges der Staatsgewalt auf ihn, nicht auch ein Recht auf die Bewohner selbst erwachsen ist, so muss den Einwohnern der bezüglichen Gebietstheile — „da sie nicht wie Pertinentien mit dem Boden cedirt, also auch nicht erobert werden können, sagt NEUMANN [72]), vollkommen freistehen, die neue Staatsgewalt anzuerkennen oder nicht. Folglich können sie in voller Freiheit auswandern, und nur tyrannische mit den heutigen Rechtsbegriffen unvereinbare Gewalt könnte sie daran faktisch behindern. Verbleiben sie, was wohl bei der Menge immer der Fall sein wird, im Territorium, das jetzt Bestandtheil eines neuen Staates geworden, so erklären sie dadurch stillschweigend, dass sie in den neuen Staats- und Unterthans-Verband eintreten". Eine zwangsweise Uebertragung der Staatsbürgereigenschaft an Personen, welche *sine animo revertendi* oder *cum animo non revertendi* den fremd gewordenen Heimatsboden verlassen hatten — sowie die Annahme eines „unauslöschlichen Charakters" der vorinnegehabten Staatsbürgerschaft widerspricht sowohl dem Begriffe der persönlichen Freiheit als der Zweckidee des Staates.

Sowenig der Staat bei Jenen, die im Falle der gewaltsamen Gebietserweiterung in sein Territorium gelangt sind und darin dauernd verbleiben, eine fremde Staatsbürgerqualität anerkennen kann, sowenig darf er Solche, welche ihm auf dem Wege der Auswanderung fremd bleiben wollen an dem Verlassen des Gebietes behindern oder sie zu seiner Staatsbürgerschaft zwingen. Er setzt sonst im Zustande des Friedens den Krieg mit jenen fort. — Aus diesem Wechselverhältniss ergibt sich ein nothwendiger völkerrechtlicher Grundsatz, der sich präzisest in der Sentenz des Chief Justice Marshal formulirt findet: —

72) S. „Ueber den Einfluss der Einverleibungen auf das Unterthanenverhältniss". Zwei Gutachten der Prof.: ZACHARIAE (Göttingen) und L. NEUMANN (Wien) in der Rechtssache des Grafen von Platen-Hallermund. Allg. deutsche Strafrechtsztg. 1868. S. 304—320. — das. S. 383—388. v. HOLTZENDORFF, über den Hochverrathsprozess des Grafen von Platen.

„*On the transfer of territory the relations of its inhabitants with the former sovereign are dissolved; the same act which transfers their country, transfers the allegiance of those who remain in it*". —

Das in dieser Regel durchgeführte Territorialitätsprincip ist der gerechteste und billigste Ausdruck für jene staatliche Nothwendigkeit. — Es sichert dem Individuum die potenzielle Freiheit sich von einem feindlichen Staatsbande loszulösen und bewahrt anderseits den Staat vor untreuen Staatsbürgern [73]).

Dieser durch die einfachste Rücksicht auf die Definitivgestaltung der Populationsverhältnisse in neuerworbenen Territorien gebotenen Anschauung wurde auffälliger Weise anlässlich der preussischen Annexionen im Jahre 1866 in keiner Art Rechnung getragen. Mit dem Gesetze vom 20. September 1866 wurden das Königreich Hannover, das Kurfürstenthum Hessen, das Herzogthum Nassau und die freie Stadt Frankfurt in Gemässheit des Art. II der Verfassungsurkunde für den preussischen Staat mit der preussischen Monarchie für immer vereinigt, — ohne dass den der Annexion feindlichen Theilen der Bevölkerung Auswanderungsbefugnisse in solcher Ausdehnung eingeräumt worden wären, welche diese dem neuen Staatsganzen gegenüber als Fremde hätten erscheinen lassen. — Diese Unterlassung contrastirt mit der in der königlichen Botschaft an

73) S. Halleck. *Intern. Law. Chapt. 33. Rights of complete conquest.* „ . . . *The status of the inhabitants of the conquered and transfered territory is thus determined by their own acts. This rule is the most just, reasonable and convenient which could be adopted.*" — Burlamaqui. *Droit de la Nature et des Gens. T. 5, pt. 4, ch. 8.* — Martitz. l. c., in Hirths Annalen. Bd. 8, p. 801 fg. — Calvo l. c. §§. 986, 999, 1000.

beide Häuser des Landtages vom 16. August 1866 [74]) enthaltenen Versicherung, nach welcher die siegreiche Regierung „die Gefühle der Treue und Anhänglichkeit achte und ehre, welche die Bewohner jener Staaten an ihre bisherigen Fürstenhäuser und an ihre selbständigen politischen Einrichtungen knüpfen.“

Die nachtheiligen Folgen der Ausserachtlassung jenes völkerrechtlich gebotenen Mittels zur Fixirung der staatsbürgerlichen Beziehungen in den annectirten Ländern traten alsbald zu Tage und äusserten sich namentlich in den controversen richterlichen Erkenntnissen und administrativen Verfügungen in der auf die Annexion folgenden Epoche. Zu den bemerkenswerthesten Entscheidungen dieser Kategorie gehört der bekannte Fall des Grafen v. Platen, welcher, obwohl dieser als ehemaliger Minister im Gefolge Georg's V. Hannover vom Beginne der militärischen Occupation durch die Preussen an, und wegen derselben verlassen hat, „also nicht nur nicht in Hannover verblieben, sondern das Land mit Vorbedacht und *sine animo revertendi* verlassen hat“ [75]) — dennoch vom preussischen Staatsgerichtshofe am 8. Juli 1868 als „königl. preussischer Unterthan“ des ihm zur Last gelegten Verbrechens des Hochverrathes schuldig erkannt wurde.

Collidirt diese Entscheidung mit dem Gedanken der persönlichen Freiheit in seiner auf die Staatsangehörigkeit des Individuums gerichteten Bestimmungskraft, — so widersprach dafür die in der Angelegenheit der im Auslande naturalisirten Frankfurter (1869) getroffene Verfügung der Machtbefugniss, welche dem erobernden Staate in Ansehung der im eroberten Gebiete verbleibenden Unterthanen noth-

74) S. Staatsarchiv. Bd. XI., S. 234.

75) Neumann. Gutachten l. c.

wendig zustehen muss. — In Kürze stand hier der Fall so: Um sich und ihre Söhne dem preussischen Militärdienste zu entziehen, liessen sich mehrere Bürger der ehemaligen freien Reichsstadt Frankfurt in der Schweiz naturalisiren, ohne jedoch dabei ihr Domicil in Frankfurt aufzugeben. Anfangs August 1869 erging nun an diese die Aufforderung, binnen sechs Wochen preussisches Gebiet zu verlassen[76]. — Während also dort im ersten Falle ein zweifellos Ausgewanderter als Unterthan reclamirt wird, — werden hier Nichtausgewanderte trotz des ihrer Naturalisation fehlenden Ernstes der Entschliessung für Fremde angesehen, denen der Aufenthalt im diesseitigen Gebiete versagt wird.

Ein solches Schwanken der öffentlichen Zustände in dem wichtigen Punkte der Staatsangehörigkeit gibt der theoretischen Erkenntniss Raum: dass in den Fällen der *Debellatio* oder der *victoria universalis* — da die Anwendung des Optionsinstitutes nicht statt haben kann, — der Eroberer nur durch Gewährung einer ausdrücklichen, bis zu einem bestimmten Zeitpunkte laufenden, von der vorherigen Erfüllung keiner drückenden politischen Pflicht beschwerten Auswanderungsfreiheit die Herstellung definitiver Bevölkerungsverhältnisse in den erworbenen Gebieten erzielen kann. —

9. Der chronologische Lauf führt unsere Darstellung zu einer der denkwürdigsten Epochen des europäischen Staatenlebens, zur gewaltigen Kriegserscheinung des Jahres 1870, welche im Frankfurter Frieden ihren Abschluss fand.

---

76) S. hierüber Näheres bei G. Rolin-Jaequemyns. *R. Dr. I. T. II., p. 310* fg. nach dessen Ansicht die Betreffenden ohne Weiteres zur Leistung ihrer Militärpflicht hätten herangezogen werden sollen.

Die weltgeschichtliche Bedeutung dieses Kampfes zweier Kulturvölker ist zunächst in dem Zusammenhange desselben mit der Entwicklung der staatlichen Einheit Deutschlands gelegen: von einer wankenden Dynastie zur eigenen Stütze heraufbeschworen, um jene Entwicklung im Keime zu ersticken, hat der Krieg gerade dazu geholfen, dass die innerlich vorbereitete Einheit des deutschen Volksbewusstseins mit geschichtlich seltener Kraft alle Hemmnisse durchbrach und zur Bethätigung gelangte. Zum andern liegt aber das Hauptgewicht der völkerrechlichen Bedeutung des deutsch-französischen Krieges in den einschneidenden Veränderungen im Territorialbestande der grossen kriegführenden Staaten, welche in seiner Folge eintraten. Die Geschichte des constitutionellen Völkerrechts wird nicht leicht der Versailler Convention vom 28. Jänner 1871 vergessen dürfen, mit welcher — die Erscheinung ist durchaus neu im Staatenleben — zwischen den Kriegführenden ein dreiwöchentlicher Waffenstillstand zu dem Zwecke abgeschlossen wurde, um der Regierung der Nationalvertheidigung die Berufung einer freigewählten Versammlung zu ermöglichen, die über die Frage entscheiden sollte, ob der Krieg fortzusetzen, oder unter welchen Bedingungen Frieden zu schliessen sei. Die am 12. Februar 1871 in Bordeaux zusammengetretene Nationalversammlung hat durch ihre Schritte die Erwartungen bestätigt, welche sich an ihre Berufung knüpften: der Geist patriotischer Ergebung in die unabwendbaren Folgen der gewaltigen Niederlage Frankreichs, und vor Allem die staatliche Einsicht in die absolute Nothwendigkeit eines schleunigen Friedensschlusses leiteten ihr Verhalten und wirkten bestimmend auf ihre Beschlüsse ein. —

Mittelst der Friedens-Präliminarien von Versailles (26. Februar 1871) wurde Elsass-Lothringen dem inzwischen zu staatlicher Einheit gruppirten deutschen Reiche abgetreten, die definitive Abgrenzung des cedirten Gebietes jedoch erst im Frankfurter Frieden vom 10. Mai 1871 und in der Nachtragsconvention vom 11. Dezember 1871 festgesetzt. Trotz des letzten Umstandes waren beide Contrahenten der übereinstimmenden Ansicht, dass das volle Maass der Souverainetät in Ansehung der eroberten Provinzen vom Tage des Ratifikationstausches der Friedenspräliminarien, d. i. vom 2. März 1871 ab, an das deutsche Reich übergegangen war. Dieses Datum bezeichnet daher den Anfangspunkt der neuen Ordnung der Dinge in den Reichslanden und ihrer Wirkung auf die Bevölkerung. — Demnach bildet der 2. März den Scheidepunkt, von welchem ab die Entnationalisirung der eroberten Gebiete als vollzogen zu betrachten war und den Geltungsanfang für die zum Schutze des freien Staatswahlgedankens im gegenseitigen Einverständnisse aufgestellten Friedensnormen. Diese fanden ihre prinzipielle Formulirung im Art. V der benannten Präliminarien, welcher bestimmte, dass die Interessen der Einwohner in dem von Frankreich abgetretenen Gebiete in Allem, was ihren Handel und ihre Privatrechte angeht, so günstig als möglich werden geregelt werden, sobald die Bedingungen des endgiltigen Friedens festgestellt seien. Die deutsche Regierung werde sodann der ungehinderten Auswanderung der Einwohner der abgetretenen Gebietstheile nichts in den Wege legen und keine Maassregel gegen dieselben ergreifen dürfen, welche deren Personen oder Eigenthum antastet. Die engere Durchführung dieser allgemein fixirten Grundsätze fiel in die Aufgabe des eigentlichen Friedensinstrumentes. —

Die grössten Schwierigkeiten, welche sich als Folgen des Frankfurter Vertrages darstellten, betrafen das den Angehörigen von Elsass-Lothringen eingeräumte Recht unter bestimmten Bedingungen durch die Auswanderung nach Frankreich ihre französische Staatsangehörigkeit zu bewahren. Die ungenaue, geradezu leichtfertige Redaction der einschlägigen Vertragspunkte und deren von den beiderseitigen Regierungen ausgehende verschiedene Interpretation liessen bei der Erregtheit, mit welcher die Frage der Option von allen Seiten behandelt wurde, den Art. II des Frankfurter Friedens zu einer Bedeutung gelangen, die jene noch weit übertraf, welche demselben im Bewusstsein der aufsteigenden Schwierigkeiten von vornherein gesichert war[77]). Derselbe bestimmte, dass den aus den abgetretenen Gebieten herstammenden, gegenwärtig in diesen Gebieten wohnhaften französischen Unterthanen, welche die französische Nationalität zu behalten beabsichtigen, auf Grund einer bis zum 1. Oktober 1872 an die zuständige Behörde gerichteten Erklärung, die Befugniss zustehe, ihren Wohnsitz nach Frankreich zu verlegen und sich dort niederzulassen, ohne dass dieser Befugniss durch die Gesetze über den Militärdienst Eintrag geschehen könne. In diesem Falle bleibe ihnen die Eigenschaft als französische Staatsbürger gewahrt und stehe es ihnen frei, ihren auf den mit Deutschland vereinigten Gebieten gelegenen Grundbesitz zu behalten.

Vergleichen wir diesen Vertragsinhalt mit dem vorhergegangener ähnlicher Staatsacte, — so begegnen wir hier einer Reihe von Abweichungen von allgemein angenommenen Grundsätzen, welche eine genaue Textesanalyse nicht unveranlasst erscheinen lassen. Was zunächst den Zeitraum der Optionsvornahme betrifft, so übersteigt die hier eingeräumte Latitude von über fünfzehn beziehungsweise achtzehn Monaten — die Ratifikationen des Definitiv-Friedens wurden

77) S. Eugene Hepp. *Du droit d'option des Alsaciens-Lorrains.* S. 7 fg. Loening. *l. c.* *T. V.*, S. 122 fg.

am 20. Mai 1871 ausgetauscht — die einjährigen Entscheidungsfristen in den Friedensverträgen von Zürich, Paris (24. März 1860) und Wien (3. Oktober 1866). In allen eben aufgezählten Fällen tritt uns gegenüber der Gebietscession aus dem Jahre 1871 das Scheidemoment entgegen, dass dort der Gebietsübergang durchaus im Willen der Bevölkerungen lag, während der Gegensatz der elsass-lothring'schen Bewohnerschaft zur Abtretung ihres Gebietes an Deutschland die Uebergangsverhältnisse wesentlich erschwerte und darum auch eine breitere Wahlfrist forderte. Dieselbe erwies sich auch in diesem erweiterten Umfange als eine der Complication der Sachlage ganzaus entsprechende Zeitbasis. Von Vortheil war dabei die als Neuerung sich darstellende kalendarische Fixirung des Endtermines für die Geltendmachung vertragsmässiger Optionsbefugnisse, welche zweifellos vor der minder genauen oder doch minder notorischen Jahresberechnung vom Ratifikationstage ab den Vorzug verdient.

Diesen zweckmässig angepassten Detailbestimmungen gegenüber fordert dagegen das Vertragsconcept den schärfsten Tadel in dem wesentlichen Punkte heraus, welcher den Personenkreis der zur Option Berechtigten hätte bestimmen sollen. Wir haben im Verlaufe unserer Darstellung wiederholt auf den Umstand hinzuweisen Gelegenheit gefunden, dass internationale Abmachungen von wesentlich übereinstimmender Zweckrichtung sich auch an gegebene Formulirungen vorangegangener Staatsverträge halten. Es bildete sich dadurch ein fester Stylus, eine Art Canon für gemeinsame Normen des Handelns im internationalen Verkehr aus, von dem — mit Recht — nicht ohne zwingende Noth abgewichen wird. Während so in der Frage der Option den unentwickelten Zuständen bis zur Congresszeit der Art. X des Hubertsburger Friedens ausreichend zum Muster diente, treten dann die fortschrittlichen Verfügungen des grossen Grenzregulirungsvertrages vom 20. November 1815 (Art. VII) an seine Stelle und finden die Bestimmungen des österreichisch-russischen Grenzvertrages vom 3. Mai 1815 in nachfolgenden Fällen wiederholt Reception. Den meisten, in der zweiten Hälfte unseres Jahrhunderts abgeschlossenen Verträgen, welche durch den Ausspruch von Gebietswandlungen das Individuum zur Geltendmachung seines freien Staatswahlrechts drängten, haben die Optionsnormen des Züricher Friedens vom 10. November 1859 zur inhaltlichen Vorlage gedient.

Der Art. II des Vertrages vom 10. Mai 1871 ist in solcher Weise unzweifelhaft auf der Textgrundlage des Art. VI des die Cession Nizza-Savoyens stipulirenden Pariser Vertrages vom 24. März 1860 entstanden, von welchem er sich nur in Ansehung eines Punktes unterschied. Diese einzige Divergenz reichte jedoch aus, um den Inhalt der neuen Vertragsbestimmung auf's Nachtheiligste zu verändern und ihre wörtliche Anwendung ganz unmöglich zu machen Vergleichen wir nämlich die einschlägigen Stellen: —

Französisch-italien. Vertrag vom 24. März 1860.

Art. 6. *Les sujets sardes originaires de la Savoi et de l' arrondissement de Nice ou domiciliés actuellement dans ces provinces, qui entendront conserver la nationalité sarde jouiront pendant l'espace d'un an à partir de l'échange des ratifications. . . .*

Deutsch-französischer Vertrag vom 10. Mai 1871.

Art. 2. *Les sujets français originaires des territoires cédés domiciliés actuellement sur ce territoire, qui entendront conserver la nationalité française jouiront jusqu'au 1er octobre 1872 etc. . . .*

— so zeigt sich, dass der ältere Vertrag in dem Bestreben alle zur Staatswahl berechtigten und verpflichteten Personen möglichst genau zu bezeichnen, — die auf den cedirten Gebieten sesshaften Bewohner (nach dem Domicilprinzipe), und die aus jenen Territorien Herstammenden (nach dem Originitätsprincipe) zur Abgabe der nothwendigen Erklärungen heranzog, während der neuere Vertrag durch die verhängnissvolle Auslassung des Wörtchens *ou* das Optionsrecht nur den in Elsass-Lothringen zuständigen und zugleich daselbst sesshaften Personen einräumt. Diese Bestimmung musste ihrer Auffassung nach, entweder das Staatswahlrecht der überwiegenden Mehrzahl der Bevölkerung vernichten, indem sie die in den cedirten Ländern wohnhaften, aber nicht daselbst geborenen Einwohner ohne Weiteres ihrer französischen Staatsbürgerqualität verlustig erklärte, oder sie musste die Zwecke der Option von vorneher gefährden, wenn damit gemeint war, dass nur der dort geborne und ansässige Theil der Bevölkerung, bei unterlassener Option der deutschen Nationalität zufalle [78]).

Das nachträgliche Verhalten der deutschen Regierung liess die aus der oben erwähnten Auslassung sich ergebende Textirung, wie sich von selbst versteht, als eine irrthümliche erscheinen und entfernte die Annahme, dass sich Deutschland bei Einräumung der Optionsbefugnisse für die Bevölkerung Elsass-Lothringens von jenen Grundsätzen lossagen wollte, welche in den Verträgen von Zürich, Paris

78) In der That vertritt auch die erstere Ansicht Graf Arnim in seiner Depesche vom 1. September 1872 — S. *Documents relatifs à la paix avec l'Allemagne, publiés par le ministère des affaires étrangères* — während die zweite für Frankreich günstige Anschauung in der Depesche *de Rémusat's* vom 24. Dezember 1871 Ausdruck fand. S. *Journ. off.* vom 14. September 1872. — Alb. Sorel. *Histoire diplomatique de la guerre franco-allemande. Paris, 1875.* II. Bd., *Chap. IX* und *passim.* —

und Wien enthalten, — die unerlässlichen Forderungen des Staates bei Gebietscessionen, mit den Forderungen völkerrechtlicher Entwicklung in Einklang zu bringen vermochten. Schon die Additional-Convention vom 11. Dezember 1871 bestimmte für diejenigen Personen, welche aus den abgetretenen Gebietstheilen herstammen, und sich ausserhalb Europa's befanden, die Verlängerung der Optionsfrist bis zum 1. Oktober 1873; und liess die Entscheidung für die französische Nationalität seitens der aus den abgetretenen Gebieten herstammenden Personen, welche sich ausserhalb Deutschland's aufhielten, durch eine, sei es vor der Mairie des Wohnortes in Frankreich, sei es vor einer französischen Gesandtschafts- oder Consulats-Kanzlei abgegebene Erklärung oder durch Immatriculation bei einer solchen Kanzlei erfolgen. Obwohl nun diese Dispositionen durchaus dem Grundgedanken des Optionsinstitutes entsprachen, so war doch dem äusseren Bilde nach in die beiden den endgiltigen Frieden stipulirenden Verträge eine Antinomie gebracht, welche die mit jeder Gebietscession verbundene Verwirrung der Bevölkerungsverhältnisse noch wesentlich steigerte.

Diesem Zustande der Unbestimmtheiten machte der Erlass des Oberpräsidenten von Elsass-Lothringen *de dato* Strassburg, 7. März 1872 ein Ende, welcher in einem sorgfältig gegliederten Systeme von Verfügungen die Zweifel beseitigen sollte, die in Bezug auf das Recht der freien Staatswahl und die Form, in welcher die Option zu geschehen hatte, laut geworden waren. Das von französischer Seite vielfach angefochtene Schriftstück gruppirt alle dispositionsfähigen Angehörigen Elsass-Lothringens, welche früher französische Staatsangehörige waren, in drei Kategorien, und bestimmt, dass Jene, welche entweder 1) in Elsass-

Lothringen geboren sind, und am 2. März 1871 daselbst ihren Wohnsitz hatten, oder 2) zwar nicht in Elsass-Lothringen geboren sind, aber daselbst am 2. März 1871 ihren Wohnsitz hatten, oder 3) zwar nicht in Elsass-Lothringen am 2. März 1871 ihren Wohnsitz hatten, aber daselbst geboren sind, — in der vorgeschriebenen Weise und in den festgesetzten Fristen sich für die französische Nationalität entscheiden können. Wer von diesem Rechte Gebrauch machte, dem war die Aufnahme in Frankreich ohne neuen Erwerb der französischen Nationalität und die Freiheit des Abzuges aus Deutschland gesichert, ohne dass dieser Befugniss durch die Gesetze über den Militärdienst Eintrag geschehen konnte. — Dem hier wirksamen Eintheilungsgrunde entsprechend, gelangte das Recht der freien Staatswahl in folgender Weise zur Ausübung: 1) Die zur ersten Klasse gehörigen Personen mussten ihren Wohnsitz nach Frankreich verlegen, und eine ausdrückliche Erklärung abgeben, dass sie ihre inzwischen suspendirte Nationalität beibehalten wollen; 2) die zur zweiten Klasse gehörigen Personen mussten ihren Wohnsitz nach Frankreich verlegen, dagegen bedurfte es bei ihnen der oben gedachten ausdrücklichen Erklärung nicht; 3) die zur dritten Klasse gehörigen Personen mussten die vorgedachte ausdrückliche Erklärung abgeben, dagegen bedurfte es bei ihnen der Verlegung ihres Wohnsitzes nach Frankreich nicht; es sei denn, dass sie seit dem 2. März 1871 und vor Ablauf der Optionsfristen ihren Wohnsitz in Elsass-Lothringen genommen hatten.

Diese nachträglich formulirten Optionsnormen, welche allerdings wesentlich vom Inhalte des Art. II des Frankfurter Friedens abstachen, stellen sich im Bilde dieser Eintheilung als sachgemässe und durchaus billige Combination der Domicils- und Originitätsprincipien dar. Sie gehen von der Anschauung aus, dass die Thatsache der Geburt selbst ein dauerndes Band zwischen Gebornem und Geburtsland begründe, welches im vorliegenden Falle durch die ausdrückliche Option gelöst werden muss. Nur wer in den eroberten Ländern geboren, in ihren Geburtslisten verzeichnet ist — ist zur ausdrücklichen Option verpflichtet; den Bewohner jener Gebiete trifft, wenn er nicht zugleich Eingeborner, nur die Pflicht im Falle seiner Anhänglichkeit an Frankreich — Elsass-Lothringen ohne weitere Erklärung zu verlassen. — Wir können der an diesen Punkt angeknüpften lebhaft geführten Debatte darüber, ob in Ansehung der Optionspflicht das Moment des Domicils allein Ausschlag geben, oder ob das Moment des Geburtsortes entscheidend sein solle, nicht jenen theoretischen Werth abgewinnen, der ihr von mancher Seite zugetheilt wird.

Eugène Hepp [79]) macht sich doch offensichtlich einer oppositionellen Uebertreibung schuldig, wenn er allen Ernstes meint, Deutschland hätte an Stelle der oben punktirten Optionsnormen in Consequenz der Eroberungstheorie lieber auf jede Einräumung zu Gunsten des Staatswahlgedankens verzichten sollen — bevor es sich dazu verstieg, das Originitätsprincip in Anwendung zu bringen. Auch Loening's [80]) abfällige Beurtheilung dieser Maassregel erscheint kaum haltbarer. Ohne Zweifel hat Letzterer ein volles Recht zur Behauptung, dass fast alle Gesetze der europäischen Staaten die Rechtsrelevanz des Domicils vor der des Geburtsortes betonen; dass die Ausübung der politischen Rechte etc. vom

---

79) a. a. O. S. 13. *Du moment où l'Allemagne jugeait utile à sa politique de restaurer dans toute sa rigueur l'ancien droit de conquête, elle eût dû en accepter aussi dans la pratique les règles théoriques, d'après lesquelles . . . „Quidquid in territorio est etiam de territorio" . . .*

80) a. a. O. S. 127 fg.

Domicil des Individuums abhängig werden, nicht von seinem Geburtsorte, dessen Bedeutung seit Geltung des Freizügigkeitsprincipes minderwerthig geworden sei; — uns erscheint es nur verfehlt, in der höheren Rechtsrelevanz des Domicils für den geordneten inneren Staatsverkehr einen zureichenden Grund für dessen ausschliessliche oder auch nur überwiegende Geltung bei Regelung der mit jeder Gebietswandlung verbundenen ausserstaatlichen Populationsverschiebung zu erblicken. —

Noch unbegründeter lässt sich die von Cogordan (l. c. S. 197 fg.) versuchte Unterscheidung an. Er will die Controverse als Fallfrage behandelt wissen und glaubt, dass je nach dem Charakter des betroffenen Staates ein verschiedenes Optionssystem auf Geltung Anspruch erheben könne und zwar so, dass bei centralisirten Staaten im Falle einer Gebietsabtrennung das Domicilprinzip, bei föderativen Staatssystemen dagegen das Originitätsprinzip der Optionsvornahme zur Basis dienen solle. Die Aufstellung ist trotz des scharfsinnigen Details unhaltbar. Selbst die Möglichkeit zugegeben, dass die Staaten in ihrer bunten Mannigfaltigkeit eine solche Schematisirung zuliessen, wäre durch ein solch einseitiges Vorgehen der Zweck der Option in Frage gestellt, oder doch mindestens nicht in erwünschter Vollständigkeit erreichbar. Ist es richtig, dass — „in dem centralisirten Frankreich ein Bretone oder ein Strassburger vor Allem Franzose ist“ — so ist wieder nicht abzusehen, warum es unlogisch oder völkerrechtswidrig sein sollte, einen in Paris oder Berlin ansässigen Strassburger zur Wahlerklärung zu zwingen, ob er trotz der Abtrennung seines Geburtsortes von Frankreich Franzose zu bleiben wünsche — oder nicht.

Wie bereits oben bemerkt wurde, wohnt der Frage der Nationalität oder Staatsbürgerschaft in ihrer Präzisirung für das Individuum so eminent politische und rechtliche Bedeutung inne, nicht nur für den einzelnen Staat, sondern für die Gesammtheit, dass in Sicherungsmassregeln zur Erlangung der erwünschten Bestimmtheit im einzelnen Falle nicht leicht zu viel gethan werden kann. Es liegt darum offenbar in der geeigneten Parallel-Anwendung beider obigen Prinzipien der sicherste Weg zur Erzielung definitiver Bevölkerungsverhältnisse in neuerworbenen Gebieten.

Sowohl Art. II des Frankfurter Vertrages, als der erwähnte Erlass vom 7. März 1872 stellen die Verlegung des Wohnsitzes nach Frankreich als unerlässliches Giltigkeitserforderniss der Option hin. Nichtsdestoweniger wurde deutscherseits von dem strengen Wortlaute bei den Vorhandensein ernster Emigrationsabsicht Umgang genommen und die französische Nationalität auch bei Auswanderung des Optirenden nach einem dritten Staate anerkannt. — Das Interesse des annectirenden Staates ist nur auf Entfernung der seiner Herrschaft widerstrebenden Bevölkerungstheile gerichtet, die Frage ihrer ferneren Niederlassung berührt ihn nur mittelbar. — Während daher auf der einen Seite bei wirklicher Auswanderung von der Erfüllung aller im *Code civ.* vorgeschriebenen Förmlichkeiten leicht abgesehen wurde, genügte anderseits auch deren genaueste Befolgung nicht bei Abhandensein des ernsten *animus emigrandi.* Für sich reichte freilich auch dieser noch nicht hin, um dem auf Wahrung seiner ursprünglichen Nationalität (Staatsangehörigkeit) gerichteten Wunsche des Individuums volle Anerkennung zu sichern: jener *animus emigrandi* musste sich zum *animus non revertendi* vertiefen und erst dann war der ausdrücklichen oder stillschweigenden Staatswahl volle Giltigkeit gesichert.

Diese Seite des Verhältnisses berührte zu viele Interessensphären auf's Empfindlichste, um nicht einen Hauptpunkt der durch die Annexion Elsass-Lothringens hervorgerufenen Controversenliteratur abzugeben. Die Erscheinung der obligatorischen Auswanderung, die ihrer inneren Nothwendigkeit wegen bei allen früheren Anlässen — Lombardei, Nizza, Savoyen, Schleswig-Holstein, Venedig — als ganz natürlich behandelt wurde, erschien mit einem Male den Forderungen eines weichlichen Humanismus schroff entgegen stehend. Es weist auf ein gründliches Verkennen des Optionsinstitutes nach seinem Zweck und seiner Geschichte hin, wenn ROBINET DE CLÉRY in dieser Auffassung die Beibehaltung der Zwangsemigration neben der allgemein gewordenen Aufhebung der obligatorischen Vermögensrealisirung als einen widerspruchsvollen Zustand ansieht, dessen Fortbestand nur in dem Mangel an Energie der verhandelnden Diplomaten seinen Grund habe [81]). Wir haben oben die Gründe dargelegt, welche es uns verbieten, die zwangsweise Vermögensrealisirung mit der Zwangsemigration auf eine Stufe der Beurtheilung zu stellen. Während die Aufhebung der ersteren dem Bedürfnisse aller Interessenten entspricht und daher mit Vortheil erfolgen konnte, — ergäbe sich, für den Fall als vom Auswanderungszwange ab-

---

81) *Ces facilités — à conserver tous les biens — n'impliquaient-elles pas le droit d'habiter soi même des localités où l'on continuait à avoir le siège de sa fortune et à gérer des intérêts forts importants? L'impulsion donnée depuis plusieurs (?) siècles avait engagé la diplomatie dans une voie d'humanité . . . „Si elle avait été plus résolument suivie, il n'y aurait plus d'émigrations forcées".* — ROBINET DE CLÉRY. *De l'émigration appreciée comme condition du maintien des nationalités. J. du Dr. J. privé.* 1874. S. 165—174. Zur Anerkennung jener staatlichen Nothwendigkeit gelangt derselbe Verfasser in seinem Aufsatze: *De la nationalité imposée par un Gouvernement étranger.* Ebendort

gesehen würde, die anormale Trennung der im Staatsbegriffe liegenden Verbindung des Staatsgebietes mit der der Gebietsherrschaft unterstehenden Bevölkerung. Ein Zustand, welchem gegenüber der in der nothwendigen Auswanderung liegende Zwang, als ein der Staatsidee minder gefährliches Expediens erscheint. —

Im Geiste der Sentenz des *Chief Justice Marshal* begründete darum auch des „Ausgewanderten" Rückkehr nach Elsass-Lothringen die Annahme einer Täuschungsabsicht bei Abgabe der Optionserklärung und zog, ebenso wie die unterlassene Verlegung des Wohnsitzes nach Frankreich, nach Ablauf der Optionsfrist den Verlust der französischen Staatsbürgerschaft nach sich [82]). Die sich hieran schliessende, überaus schwierige Frage, nach Ablauf welchen Zeitraumes und für welche bestimmte Dauer die neue Staatsgewalt den ehemaligen Bewohnern der eroberten Gebiete wie anderen Fremden den Aufenthalt im Lande gestatten könne — ist als Fallfrage anzusehen, deren Beantwortung aus dem mehr oder minder feindlichen Spannungsverhältnisse sich ergeben muss, das zwischen der neuen Staatsherrschaft und den ehemaligen Bewohnern besteht. Das deutsche Reich hat sich auch nach dieser Richtung nicht wesentlich von jenen äussersten Grenzen entfernt, welche durch echte Staatsnoth auf der einen und durch die Forderungen des nothwendigsten Völkerverkehrs von der andern Seite gebildet werden.

Jahrg. 1875. p. 180—185. S. hierüber noch JOZON. *Les principales idées ayant cours à l'étranger sur le principe des nationalités. Bull. de la Soc. de Législ. comp.* 1870. p. 73—91. LYON-CAEN. Ebendaselbst p. 238 fg.

82) HEPP. l. c. Ueber Fälle der Wirkungslosigkeit der Option. S. 117—132. COGORDAN. S. 242, in *La Nationalité* p. 369.

Der letzte Punkt, welchen das Circular vom 7. März 1872 berührte, betraf das Optionsrecht der aus Elsass-Lothringen gebürtigen Personen, welche in der französischen Armee oder Flotte in irgend einer Eigenschaft auch als Freiwillige oder Einsteher dienten. Die Option erfolgte in der Weise, dass die betreffenden Personen in europäischen Garnisonen bis zum 1. Oktober 1872, in aussereuropäischen bis 1. Oktober 1873 der zuständigen Militärbehörde die Erklärung vorlegten, dass sie sich für die deutsche Nationalität entschieden haben, — welche Erklärungen in Frankreich an die Ortsmairie geleitet werden mussten. —

Die, wenn auch unvermeidlichen doch immer harten Folgen jeder Eroberung, traten im deutsch-französischen Kriege an keinem Punkte schärfer hervor, als angesichts der Nationalitätsfrage der minderjährigen Bevölkerung in den eroberten Gebieten. Gleich bei Beginn der Frankfurter Verhandlungen war es klar, dass die deutschen Regierungen die auf die Vorschrift des Art. IX. *Code civil* gegründete französische Proposition, welche den Minderjährigen das Recht der Option bis nach erreichter Volljährigkeit reserviren wollte, — nicht als Verhandlungsbasis betrachten können [83]). Wir haben oben (S. 133) die Gründe dargelegt, welche diese Weigerung durchaus aus dem Gesichtspunkte des definitiv herzustellenden Friedens gerechtfertigt erscheinen lassen. Da jedoch die später aufgetauchte Forderung, den Minderjährigen allgemein das Recht der freien Option zu gewähren, sowohl den berechtigten deutschen Absichten, als auch dem Geiste des französischen Rechtes selbst grundsätzlich widersprach, so wurde endlich im Erlasse des Oberpräsidenten

83) S. Valfrey. *Hist. de la Diplomatie du Gouvernement de la Défense nationale.* Paris 1871, und desselben Verfassers *Hist. du Traite de Francfort.* T. II., Chap. V., p. 123 fg.

de dato 16. März 1872 jener Mittelausdruck gefunden, welcher sich den Schwierigkeiten der Fragen nach Möglichkeit anzupassen suchte.

Derselbe unterscheidet vor Allem in Anerkennung der geltenden französischen Gesetzgebung nicht emancipirte Minderjährige von Emancipirten, — und lässt Letztere wieder verschiedenen Normen unterstehen, je nachdem sie in Elsass-Lothringen oder in einem anderen Theile Frankreichs geboren sind. Diesen Kategorien folgend bestimmte der Erlass: 1) Nicht emancipirte Minderjährige, sie mögen in Elsass-Lothringen geboren sein oder nicht, können weder selbst, noch durch ihre gesetzlichen Vertreter gesondert von diesen für die französische Nationalität optiren. Sie folgen, wenn ihre Eltern noch am Leben sind, der Wahl der Nationalität des Vaters; die Option des Vormundes für die französische Nationalität hat diese Wirkung nur wenn der Familienrath *(conseil de famille)* seine Zustimmung ertheilt. — Des letzteren Zustimmung gewinnt hier den Werth einer Garantie für den Ernst der Auswanderungsabsicht bei dem Minderjährigen. Die vorstehenden Bestimmungen finden 2) auch auf Emancipirte Anwendung, falls sie in Elsass-Lothringen geboren waren; und endlich 3) emancipirte Minderjährige anderwärts geboren, standen in Bezug auf das Optionsrecht den Grossjährigen vollständig gleich[84]).

Obwohl nun all diese Vorschriften zum Zwecke der Definitivgestaltung der Bevölkerungsverhältnisse in den von Frankreich abgetrennten Gebieten systematische Erweiterungen, inhaltlich unverkennbare Concessionen gegenüber früheren geschichtlichen Optionsanlässen enthielten,

84) Ueber ausgestellte Emigrationsbewilligungen für die Söhne vieler in den Reichslanden verbliebenen Familien vergl. LOENING. a. a. O. S. 135. Bezüglich der Uebernahme der aus Elsass-Lothringen gebürtigen

konnten sie doch unmöglich allen Anforderungen entsprechen, welche aus der Mitte einer so eminent staatstreuen Bevölkerung hervorgingen, — wie es die Elsass-Lothringer gewesen, — ohne ihre eigentlichen Zwecke zu gefährden.

Elsass-Lothringens Bewohnerschaft hing mit deutscher Treue Frankreich an und ihre Anhänglichkeit steigerte sich im Anblicke des energischen Widerstandes, den die im Nervengeflecht ihrer Ehre und ihres Militärruhms getroffene französische Nation den deutschen Annexionsforderungen entgegensetzte. 378777 Personen gaben ihre active Optionserklärung vor französischen, 159740 vor deutschen Behörden ab; die thatsächliche Bevölkerung der cedirten Gebiete betrug 1517494 E., wegen Nichterfüllung der wesentlichsten Optionsbedingung wurden nach Ablauf des Termins 110240 abgegebene Erklärungen für ungiltig erklärt [85]). Es ist leicht erfasst, dass bei solchem Stand der Dinge das Maass der im Optionsinstitute liegenden persönlichen Bestimmungsfreiheit nur den Wenigsten für ausreichend erschien. Von der Höhe theoretischen Traumlebens herab drang wieder die Forderung nach einer allgemeinen Volksabstimmung in immer weitere Kreise und liess dadurch das Gegebene — die Option — minder werthig erscheinen im Glauben an den höheren

Sträflinge und Irrsinnigen durch die deutsche Verwaltung s. Art. 4 der Nachtrags-Convention vom 11. Dezember 1871. — In Ansehung des Optionsrechtes der Frauen ermangelte es an jeder Bestimmung und war daher diesfalls auf die allgemeinen in Anerkennung befindlichen Rechtsgrundsätze zu recurriren. — S. Hepp. l. c. S. 160, Cogordan. l. c. S. 240, und Erlass des französischen Justizministers vom 30. März 1872. — Grosse Nachtheile ergaben sich in der Folge aus der mangelnden Congruenz deutscher und französischer Separatverfügungen in Regelung derselben auf die Populationsverhältnisse bezugnehmenden Fragen.

85) S. Rede des Abg. Grad in der Sitzung des deutschen Rtg. v. 6. März 1878.

Werth des vorenthaltenen Plebiscits [86]). Wieder wurde die Frage, — ob ein Staat die Landeshoheit über ein Gebiet ohne Zustimmung der Einwohner erwerben könne, in die unpassende Formel gebracht, ob es erlaubt sei, sich eines Volkes oder Volkstheiles gegen seinen Willen zu bemächtigen. Beide Fassungen decken sich aber keineswegs weder formell, noch materiell; weder nach ihrem rechtlichen Charakter, noch in ihren Wirkungen. Die Landeshoheit ist der Inbegriff der Rechte, welche der Staatsgewalt als solcher zustehen; das Subjekt dieser Rechte, Träger der Landeshoheit sind aber nicht die Bewohner des Gebietes als Einzelne, sondern der Staat, zu dem es gehört. Wenn daher die Landeshoheit über ein bestimmtes Gebiet von einem Staat an einen andern übergeht, so kommt der letztere zwar in den Besitz aller der Rechte, welche der erstere bisher in diesem Gebiete ausgeübt hat; aber man kann deshalb doch nicht sagen, dass die Bewohner dieses Landes, sondern immer nur, dass dieses Land in seine Gewalt komme. Jenes ist nur bei verweigertem Auszugsrechte der Fall; ist es dagegen den Bewohnern, welche sich dem neuen staatsrechtlichen Verhältniss nicht unterwerfen wollen, freigestellt, ihren bisherigen Wohnsitz zu verlassen, — so ist ihr Verbleiben in dem Lande, das seine Herrschaft gewechselt hat, immer als ein freiwilliger Akt zu betrachten, wie gewichtig auch die Gründe des Interesses oder der Anhänglichkeit an die Heimat oder welche sonst sein mögen, die sie zum Verbleiben bestimmen.

86) S. die in diesem Geiste gehaltenen Aufsätze aus bewegtester Zeit von A. GEFFROY. *Revue des deux Mondes.* T. 90, p. 122 fg. GIRAUD ebendort. *Le droit des gens et la guerre de Prusse.* GRIOLET. *L'influence de la dernière guerre sur le progrès du droit des gens. Bull. de la Soc. de Législ.* comp. 1872. S. 27. 1873. S. 9 fg. —

10. Mit Recht sagt HOLTZENDORFF[87]) die Annexion Elsass-Lothringens müsse als Controverse des Völkerrechts angesehen werden, deren Entscheidung weder von den gegen Deutschland erhobenen Vorwürfen, noch durch die Majorität zustimmender oder ablehnender Voten bestimmt werden könne. Wenn er dennoch die Theorie der legitimen Vertheidigung als Rechtsgrund der Eroberung ansieht, so erscheint uns dieser Gedanke in seiner harten zweckbewussten Klarheit doch immerhin der Idee des auf seine Erhaltung bedachten Staates weit angemessener, als die durchaus unhaltbaren Anschauungen, welche die Eroberung der beiden Provinzen in dem Gedanken der Wiederbelebung der nationalen Gemeinschaft mit Deutschland fundirt sehen. Diese bedenkliche Consequenz der Nationalitätenidee findet bei BLUNTSCHLI[88]) Anerkennung. „Der französische Assimilirungsprozess ist in Elsass-Lothringen bevor er zum Ziele gelangt ist, unterbrochen worden, und es beginnt die allmälige Ausstossung der fremden Elemente und die Erneuerung der von Altersher ererbten Nationalität. Die französische Assimilirung war Entnationalisirung der deutschen Elsässer, — die heutige erneuerte Germanisirung ist Wiederbelebung der alten Stammesart.“ —

Der weichende Boden dieser Anschauung liegt zu Tage. Sie übersieht völlig, dass die Richtigkeit der Grundidee vorausgesetzt, jede freie Entscheidung des Individuums über seine Staatsangehörigkeit, jeder nationale Wahlgedanke an sich in grellem Widerspruche stehe mit der Absicht der „Wiederbelebung der alten Stammesart.“ — Jene Theorie übersieht vollkommen, dass diese gefährliche

87) *Revue de Droit intern.* T. V., p. 260.

88) Völkerrechtliche Betrachtungen über den deutsch-französischen Krieg. HOLTZENDORFF'S Jahrb. Bd. I., S. 341.

Galvanisirung der alten Stammesart auch das Institut der Option als zweckfeindlich ausschliessen muss und national gemischte Zwischengebiete zum ständigen Schauplatze intermittirender Wiederbelebungsversuche macht. Hier ist der Punkt, wo die Theorie als Ausfluss der Nationalitätenlehre mit der falschen Doctrin der internationalen Plebiscite in ein Bett sich ergiesst; von hier ab beginnt ihre gemeinsame gegen staatliche Einheit und staatlichen Bestand gerichtete Bewegung. Die weltgeschichtliche Bedeutung, welche dem Widerstande der deutschen Bewohnerschaft Elsass-Lothringens gegen ihre Einverleibung in Deutschland zukommt, liegt eben in deren Auflehnung gegen jenes ethnographische Princip, welches nur die in Gemässheit der Sprachgrenzen vollzogenen Staatsbildungsprozesse anerkennt. Die auf die Befreiung der Nationen von jeder „Fremdherrschaft" abzielende Propaganda des französischen Nationalgeistes hatte sich ausgelebt, als der letztere im Kampfe gegen Deutschland, das ihn beim Worte nahm, unterlegen ist. Jene ernsten Züge deutsch redender Bewohner Elsass-Lothringens, die ihren heimatlichen Boden verliessen und es vorzogen algier'sche Colonien zu bevölkern — sind stummberedte Zeugen gegen den Rechtsinhalt der Nationalitätenidee und für die sittliche Kraft, die im Gedanken des geschichtlichen Vaterlandes ruht.

11. Italien verfehlte nicht auch den deutsch-französischen Krieg nach gewohnter Weise für seine Zwecke auszunützen. Der Sturz des zweiten Kaiserreichs entzog der päpstlichen Herrschaft in Italien ihre wirksamste weltliche Stütze. Der tapfere Hof von Florenz zögerte daher nicht länger als nothwendig war, — und genau vier Wochen nach Sedan, am 2. Oktober 1870, fand in Rom das allgemeine Plebiscit statt, das die Annexion der „eroberten" römischen Provinzen zum

Ausdrucke des Volkswillens erhob. Dasselbe unterschied sich in nichts von seinen üblichen Vorgängern, weder durch tiefern prinzipiellen Ernst, noch durch besondere Rücksichtnahme auf die Forderungen ablehnender Minoritäten. —

12. Der zwischen Oesterreich - Ungarn, Deutschland, Frankreich, Grossbritannien, Italien, Russland und der Türkei geschlossene Berliner Vertrag vom 13. Juli 1878, welcher die im Orient durch die Ereignisse der letzten Jahre hervorgerufenen Fragen im Gedanken des Einvernehmens der europäischen Grossstaaten regeln sollte, lässt vom Gesichtsfelde der uns beschäftigenden Frage aus an vielen Punkten eine grössere Beachtung der theoretischen Forderungen wünschen. Ungeachtet der zahlreichen territorialen Verfügungen, welche den Hauptinhalt seines Textes ausmachen, fehlen in demselben ausdrückliche Normen zum Schutze der persönlichen Staatswahl, und die wenigen schwachen Ansätze, wie in den Art. 30, 39 etc. lassen in ihrer Unbestimmtheit die Abweichung von der conventionell gewordenen präcisen Form nicht als wünschenswerthe Neuerung erscheinen. — Sowohl der Friede von San-Stefano (19. Febr. 1878) als der definitive russisch-türk. Friedensvertrag abgeschlossen zu Konstantinopel am 8. Febr. 1879 normiren eine dreijährige Optionsfrist zur Geltendmachung des unbeschwerten Staatswahlrechts. Der damit verbundene Realisirungszwang unbeweglichen Eigenthums mag in den national - religiösen und wirthschaftlichen Verhältnissen des Geltungsgebietes jener Verträge seine Rechtfertigung finden. —

Pierer'sche Hofbuchdruckerei. Stephan Geibel & Co. in Altenburg.

FSC
www.fsc.org
MIX
Papier | Fördert
gute Waldnutzung
FSC® C083411

Kolibri 360 GmbH
Ferdinand-Jühlke-Straße 7
99095 Erfurt, Deutschland
produktsicherheit@kolibri360.de

Druck:
CPI Druckdienstleistungen GmbH
im Auftrag der
Kolibri 360 GmbH
Ferdinand-Jühlke-Str. 7
99095 Erfurt